부동산 초보를 위한 전세 A to Z

유선종 지음

박영사

PREFACE

머리말

'전세'라는 단어를 자주 들어보았을 겁니다. 주변 사람들, 뉴스, 인터넷 기사 등을 통해 익숙하게 접하지만, 정확한 개념과 법률적인 상황을 이해하지 못한 채 전세계약을 체결하는 경우도 적지 않습니다. 전세는 한국에서만 볼 수 있는 독특한 주거 방식으로, 해외에서는 유사한 제도를 찾기 어렵습니다. 하지만 이 제도에 대한 이해 부족으로 인해 각종 문제와 피해가 발생하고 있어, 이를 바로잡기 위한 기초적인 지식이 필수적입니다. 이 책은 부동산 초보자들이 전세제도를 명확하게 이해하고, 안전하게 전세계약을 체결할 수 있도록 돕기 위해 작성되었습니다.

첫 번째 장에서는 전세의 개념과 역사적 배경을 살펴봅니다. 우리나라 경제 발전과 함께 전세제도가 어떻게 형성되고 변화해 왔는지, 그리고 이 제도의 특성과 장단점을 명확히 이해할 수 있도록 안내합니다. 또한, 전세계약과 관련한 법적 보호 장치, 세입자(임차인)와 집주인(임대인)의 권리 및 의무를 설명하여 전세제도의 작동 원리를 쉽게 파악할 수 있도록 구성하였습니다.

두 번째 장에서는 전세계약을 체결하기 전에 반드시 알아야 할 부동산 관련 지식을 다룹니다. 부동산 등기부등본과 건축물대장을 확인하는 방법을 상세히 설명하며, 실제 사례를 통해 부동산 초보자의 이해를 돕습니다. 특히, 최근 심각한 사회적 문제로 떠오른 전세사기에 대한 예방책과 피해 발생 시 국가의 지원 및 법적 대응 방안을 소개합니다.

세 번째 장에서는 계약 전, 계약 시, 계약 후의 단계별 과정을 정리하여 실제 계약 진행에 도움이 되도록 구성하였습니다. 좋은 전세 매물을 찾는 방법, 공인중개사와 안전한 계약을 체결하는 법, 잔금 지급 후 입주까지의 필수 확인 사항을 자세히 설명합니다. 또한, 다양한 사례를 통해 계약 과정에서 발생할 수 있는 문제를 이해하고 올바른 대응 방법을 익힐 수 있도록 돕습니다.

네 번째 장에서는 전세 기간 동안 직면할 수 있는 다양한 문제 상황과 전세계약 연장 및 종료 시 주의할 점을 다룹니다. 갑작스러운 집주인의 요구나 계약 기간 중 발생하는 주거 문제를 현명하게 해결하는 방법을 설명하며, 계약 연장 및 종료 시 반드시 기억해야 할 사항을 정리하였습니다. 이를 통해 거주 중 발생할 수 있는 문제를 예방하고 안정적인 주거 환경을 유지할 수 있도록 합니다.

다섯 번째 장에서는 전세보증금을 돌려받지 못할 경우의 대응 방법을 소개합니다. 전세보증금반환보증제도의 활용법, 임대차 계약 종료 후 보증금을 받지 못했을 때 취해야 할 법적 조치를 단계별로 설명하여 실질적인 대응이 가능하도록 구성하였습니다.

각 장은 이론, 실제 사례, 시사적 뉴스 기사 등을 함께 포함하여 전세제도를 더욱 폭넓고 깊이 있게 이해할 수 있도록 설계하였습니다. 단순한 지식 전달을 넘어, 현실에서 마주할 수 있는 다양한 문제를 조명함으로써 실질적인 도움을 줄 수 있도록 하였습니다.

이 책을 통해 부동산 초보자들이 전세제도의 구조, 관련 법률, 그리고 위험 요소를 정확히 이해하고, 전세계약을 체결할 때 스스로를 보호할 수 있는 지식과 판단력을 갖추기를 바랍니다. 나아가 전세계약을 앞둔 독자들에게 든든한 안내서가 되어 보다 안전한 주거 선택을 할 수 있게 되기 바랍니다.

이 책의 저자는 2023년 경기도시공사 전세피해지원센터의 『경기도 전세사기 피해사례집』 작성 과정에서 다양한 전세사기 및 사고 사례를 접하며 전세제도의 구조적 한계를 깊이 인식하게 되었습니다. 이어 2024년 국토교통부 전세사기피해지원단의 『전세사기 피해 및 대응사례 조사 연구』를 수행하며 진화하는 사기 수법들을 보기도 하였습니다.

이러한 두 번의 연구용역이 이 책을 집필하는 계기가 되었습니다. 연구용역을 함께 수행하고 원고 작업을 섬세하게 동행해 준 건국대학교 부동산학과 겸임교수 신은정 박사와 이하림 박사과정 원생, 석사과정 구자범 원생, 유요한 원생, 김예은 원생에게 깊은 감사를 드립니다. 또한, 출간에 도움을 주신 박영사의 노현 상무와 편집부의 전채린 차장께도 감사드립니다. 마지막으로, 이 책은 『2024학년도 건국대학교 KU저역서발간지원』에 의해 출간되었습니다.

Soli Deo Gloria!

2025년 8월
건국대학교 해봉부동산학관 연구실에서
유 선 종

CONTENTS

차 례

PART 1 전세의 이해

PART 2 전세계약을 위해 알아야 할 부동산 지식

CHAPTER 4 전세계약의 법적 보호장치

CHAPTER 5 부동산 등기사항전부증명서와 건축물대장

CHAPTER 6 전세사기피해자 지원 및 주거안정에 관한 특별법

PART 3 전세계약하기

CHAPTER 7 전세 물건 찾기

CHAPTER 11 계약 연장 및 종료

PART 5 보증금 미반환 시 대응 방법

CHAPTER 12 전세보증금반환보증 이행

CHAPTER 13 임대차 종료 후 보증금 미반환 시 법적 대응 방법

부동산 초보를 위한 전세 A to Z

PART 1에서는 전세가 무엇인지, 어떤 역사적 배경 속에서 형성되었는지, 그리고 전세 계약이 어떤 구조와 원리를 가지고 작동하는지를 배웁니다. 더불어, 전세계약의 법적 기초를 이해하고, 계약의 성립과 해지, 계약서의 법적 효력에 대해 구체적으로 학습하게 됩니다. 이를 통해 전세제도의 본질과 전세계약에서 발생할 수 있는 문제에 대처할 수 있는 기본 지식을 갖추게 됩니다.

PART

1

전세의 이해

CHAPTER 1

전세의 개념과 역사

학습목표

01 | 전세의 개념과 구조, 전세 제도가 등장하게 된 사회적·역사적 배경을 이해할 수 있습니다.

02 | 전세제도가 작동하는 원리를 파악할 수 있습니다.

03 | 전세사고와 전세사기의 개념을 이해하고 두 개념을 구분할 수 있습니다.

"월세도 아닌데 매달 돈을 내지 않고 집을 빌릴 수 있다고?"

한국의 전세 제도는 외국에서는 쉽게 찾아볼 수 없는 독특한 임대 방식입니다. 왜 한국에서는 이런 제도가 발달했을까요? 그리고 집주인은 왜 집 가격에 비해 적은 금액인 보증금만 받고 집을 빌려줄까요? 이번 단원에서는 전세를 둘러싼 궁금증을 풀어보며 그 개념과 구조를 하나씩 이해해 봅니다.

1 전세의 개념

1) 전세의 개념

전세는 주택 임대차 계약의 한 형태로, 세입자(임차인)가 집을 빌리는 대신 집주인(임대인)에게 일정 금액의 보증금을 맡기고 계약기간 동안 세입자가 해당 주택을 사용하는 방식입니다. 이는 매월 임대료를 지불하는 월세와 뚜렷하게 구별되는 특징이 있습니다. 전세 계약이 종료되면 특별한 사유가 없는 한 세입자는 임차주택을 반환하고, 집주인은 세입자에게 보증금 전액을 다시 돌려주어야 합니다.

2) 월세와의 비교

전세와 월세는 집을 빌려 이용하는 대가를 지불하는 방식에서 큰 차이를 보입니다. 월세는 세입자(임차인)가 매달 정해진 금액을 집주인(임대인)에게 지급하는 반면, 전세는 계약 시점에 목돈인 보증금을 집주인에게 맡기는 것으로 임대료 지급 의무를 대신합니다. 세입자 입장에서 전세는 목돈 부담이 있을 수 있지만, 계약기간 동안 월세 지출이 없어 안정적인 주거 비용 관리가 가능하다는 장점이 있습니다. 반대로 집주인 입장에서는 전세 보증금을 계약기간 동안 무이자로 자금 운용을 할 수 있다는 장점이 있습니다.

3) 전세 제도의 배경

전세 제도는 과거 국내 금융 환경과 주택시장의 특수성 속에서 발전해 온 독특한 형태의 임대차 방식입니다. 과거에는 주택금융이 발달하지 않은 관계로 개인이 주택 구매 자금을 은행 대출을 통해 마련하는 것이 어려웠고, 이러한 상황에서 세입자(임차인)의 보증금을 활용하는 전세라는 형태가 자연스럽게 자리 잡게 되었습니다. 이는 단순한 임대차 관계를 넘어, 한국 주택시장의 중요한 특징 중 하나로 자리 잡게 되었습니다.

2 전세의 역사

1) 조선시대의 전세

우리나라에서 현대적인 전세 제도의 기원을 살펴보면 고려시대의 전당(典當) 제도에서 그 단초를 찾을 수 있습니다. 고려시대의 전당제도는 돈이 필

| 더 알아보기

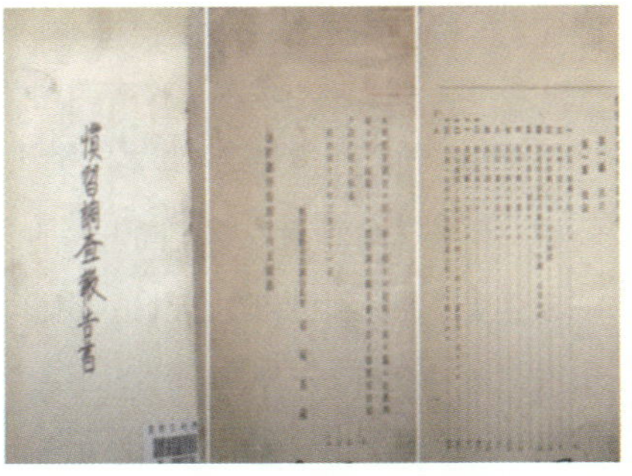

"전세란 조선에서 가장 일반적으로 행해지는 가옥 임대차 방법이다."
차주가 일정한 금액(가옥 가격의 반액 내지 7-8할)을 소유자에게 기탁하며 별도의 차임을 지불하지 않고 반환 시 기탁금을 돌려받는다.
이처럼 조선시대의 1910년대에 처음으로 전세에 관한 내용이 기록되었으며, 내용을 들여다보면 오늘날의 비슷한 수준인 50~80% 전세가율을 확인할 수 있습니다.

-관습조사보고서 (1910)-

요한 자작농이 자신이 소유한 논이나 밭을 담보로 제공하고 금전을 취득하는 것을 말합니다. 시간이 경과함에 따라 고려 시대의 전당제도는 조선시대에 이르러 돈을 받고 집을 담보로 내어주는 가사전당제의 형태로 확대되었습니다.

이는 오늘날 목돈의 보증금을 예치하고 주택을 일정 기간 사용하는 전세제도의 초기 형태를 보여주는 역사적 배경이 됩니다. 즉, 우리나라의 전세는 고려시대의 전당제도가 오랜 기간 변화하고 확대되면서 조선시대에 이르러 주거 영역으로 그 범위가 넓어져 오늘날에 이르게 된 것을 알 수 있습니다.

이에 1910년대 조선총독부가 만든 관습조사보고서*에 따르면 "전세는 조선에서 가장 일반적으로 행해지고 있는 임대차 방식으로, 임대차 기간은 통상 1년이며 이를 정하지 않을 경우 서울에서는 100일로 정하는 것이 관례이다"라는 기록이 남아 있는 것을 확인할 수 있습니다.

* 관습조사보고서: 근대시기 일본에 의하여 조사되어 기록된 관습보고서로 당시의 시대적 상황을 담고 있는 문서

사례로 알아보는 전세 계약

조선시대에도 전세사기가 있었다.

조선시대 정조 임금 때, 6품 무관이자 엘리트인 '노상추'라는 인물이 있었습니다. 그는 한양 출신이 아닌 지방 출신으로, 수도 한양에 거주하기 위해 처음에는 자가로 초가집에 살았습니다. 그러나 형편이 어려워지면서 결국 집을 팔고, 사창(오늘날의 사립 임대주택에 해당) 일부에 전세로 입주하게 됩니다.

노상추가 전세로 들어간 곳은 훈련원(지금의 동대문역사문화공원 인근) 근처였습니다. 그 지역은 지금으로 따지면 강남처럼 전셋값이 높은 곳이었고, 그가 낸 전세보증금은 무려 27냥에 달했습니다. 이는 노비 5명을 살 수 있는 큰돈이었습니다.

입주 당시 노상추는 날씨가 맑았다고 일기장에 적으며 기쁨을 표현했지만, 이내 그 기쁨은 오래가지 못했습니다. 두 달이 채 지나지 않아 집주인이 "더 많은 전세금을 주겠다는 사람이 있다"며 노상추에게 나가달라고 요구한 것입니다.

노상추는 전세보증금을 올려주겠다고 협의했지만, 집주인은 이미 다른 사람에게 방을 이중 계약한 상태였습니다. 결국 노상추는 다른 방으로 옮기라는 제안을 받았으나, 그 방 역시 이미 다른 사람이 살고 있었습니다. 집주인은 노상추에게 강제 퇴거를 시도하며 내쫓았고, 노상추는 결국 거처를 잃고 말았습니다.

사건의 절정은 전세보증금 반환과 관련한 것이었습니다. 집주인은 보증금을 10냥만 주고 나가라고 통보했습니다. 노상추는 속수무책으로 받아들일 수밖에 없었고, 결국 큰 손해를 입은 채 쫓겨난 피해자가 되었습니다.

-국사편찬위원회 발간 '노상추의 일기' 각색-

2) 민법 제정과 전세권의 등장

1958년 민법이 제정되면서 전세는 비로소 법적인 틀 안으로 편입되었습니다. 민법은 전세권을 독립된 물권으로 규정하여, 등기를 완료한 전세권자에게 해당 주택에 대한 강력한 권리를 부여하였습니다. 이는 전세 제도가 단순한 관행을 넘어 법률적으로 공식적인 지위를 확보하게 된 중요한 전환점이었습니다.

3) 채권적 전세의 보편화와 법적 보호의 미비

실제 생활에서는 등기 절차의 번거로움과 오랜 관행으로 인해, 등기 없이 계약만으로 성립하는 채권적 전세가 널리 활용되어 왔습니다. 그러나 채권적 전세는 등기가 되어 있지 않기 때문에 주택 소유자가 변경되거나 주택이 경매

| 더 알아보기

1. 채권(債權)이란?

채권이란, 특정한 사람에게 일정한 행위를 요구할 수 있는 권리입니다.
쉽게 말해, 사람과 사람 사이의 약속(계약)에서 생기는 권리로, 누군가에게 '무언가를 해 달라'고 요구할 수 있는 힘입니다.
예를 들어, 전세계약을 할 때 세입자(임차인)는 집주인(임대인)에게 "계약이 끝나면 전세보증금을 돌려주세요"라고 요구할 수 있는 권리를 갖습니다. 이 권리는 집주인이라는 특정한 상대방에게만 주장할 수 있고, 제3자에게는 직접 요구할 수 없습니다. 이처럼 채권은 계약을 통해 발생하며, 상대방에게만 효력이 있는 권리입니다.

채권은 사람 간 약속에서 생기며, 상대방에게만 주장할 수 있는 권리

2. 물권(物權)이란?

물권이란, 특정한 물건(예: 부동산)을 직접 지배할 수 있고, 그 권리를 모든 사람에게 주장할 수 있는 권리입니다.
즉, 사람과 물건 사이의 직접적인 권리이며, 절대적인 권리라고도 불립니다.
대표적인 물권에는 소유권, 저당권, 전세권 등이 있으며, 이들은 '등기'라는 공적인 절차를 통해 발생합니다. 등기를 마치면 누구에게나 "이건 내 권리입니다"라고 주장할 수 있고, 법도 그 권리를 보호해 줍니다.
한편, 전세계약에서는 일반적으로 등기를 하지 않기 때문에 세입자는 전세권 같은 물권을 갖지는 않습니다. 하지만 전입신고와 실제 입주를 하면, 세입자는 '대항력'이라는 효력을 얻습니다. 대항력은 물권은 아니지만, 제3자에게도 자신의 권리를 주장할 수 있어 세입자를 보호하는 역할을 합니다.

물권은 물건에 대한 직접적인 권리이며, 제3자에게도 주장 가능한 권리

로 넘어갈 경우 세입자(임차인)의 보증금 보호와 거주 안정성이 취약해지는 구조적 한계를 가지고 있습니다. 이러한 한계는 전세 세입자 보호의 필요성을 논의하게 된 주요 배경이 되었습니다.

4) 주택임대차보호법 제정

채권적 전세의 법적 취약성은 전세사고와 전세사기로 인해 사회적인 문제가 되었습니다. 이와 같이 세입자(임차인)의 권리 보호에 대한 사회적 요구가 증대됨에 따라, 1981년 「주택임대차보호법」이 제정 및 시행되었습니다. 주택임대차보호법은 민법의 특별법으로서, 주택 임대차 관계에 대한 특별 규정을 두어 세입자의 권익을 강화하는 것을 목표로 하였습니다. 특히, 주택의 인도와 주민등록(전입신고)이라는 간편한 요건만으로 임차인에게 대항력을 부여하고, 확정일자제도를 도입하여 채권적 전세를 물권화하여 소유자 변동 시에도 임대차 계약 관계를 유지할 수 있도록 세입자의 주거 안정을 도모하였습니다.

5) 오늘날 전세사기 문제와 피해자 지원

최근에 이르러서는 임대차계약 종료 후 보증금 반환 지연 및 악의적인 전세 사기 범죄가 증가하는 추세를 보이며 새로운 사회 문제로 부각되고 있습니다. 이는 세입자(임차인)에게 심각한 경제적 손실과 주거 불안정을 초래하며, 사회 전반의 불안감을 증폭시키는 요인으로 작용합니다. 이에 정부는 전세사기 피해자를 지원하고 그들의 주거 안정을 도모하기 위해 2023년 「전세사기피해자 지원 및 주거안정에 관한 특별법」을 제정하여 한시법으로 시행하고 있습니다.

3 전세 메커니즘

1) 전세 계약의 구조

전세 계약을 맺을 때, 보통 전세금은 집값의 40~80% 정도 수준에서 결정됩니다. 이때 궁금한 점이 생길 수 있습니다. "집을 구매한 가격보다 적은 돈을 받고, 집주인(임대인)은 왜 집을 빌려주는 걸까?" 일반적으로 물건을 빌려줄 때는 자기가 들인 돈보다 더 많은 돈을 받아야 이익이 남는 것이 당연합니다. 그래서 전세는 겉으로 보기에는 집주인이 손해를 보는 것처럼 보입니다.

그 이유는 우리나라의 전세 제도가 단순히 매달 월세를 받는 것처럼 눈앞의 현금 수익을 얻는 것이 아니라, 앞으로 집값이 오를 것이라는 기대감을 바탕으로 유지되고 있기 때문입니다.

2) 전세금으로 돈을 버는 집주인

집주인(임대인)은 세입자(임차인)로부터 전세 보증금을 받아서 집을 빌려줍니다. 이때 집값에서 전세 보증금을 뺀 나머지 금액이 집주인이 실제로 투자한 '자기자본'이 됩니다. 예를 들어, 집값이 7억 원이고 전세 보증금이 5억 원이라면, 집주인이 실제로 자기 돈으로 투자한 금액은 2억 원이 됩니다.

만약 시간이 흘러서 집값이 10억 원으로 오른다면, 집주인은 실제로 2억 원만 투자하고 3억 원의 이익을 얻은 셈이 됩니다. 이것을 '레버리지 효과'라고 합니다. 작은 돈을 지렛대 삼아 큰 효과를 거둔 것입니다.

이처럼 전세 제도는 집주인에게 크게 두 가지 방식의 수익 기회를 제공합니다.

첫 번째, 전세 보증금 운용 수익으로 집주인은 세입자로부터 받은 전세 보증금을 은행에 넣어 이자를 받거나, 다른 곳에 투자해서 수익을 얻을 수 있습니다.

두 번째, 자본 이득 수익으로 시간이 지나면서 집값이 오르면, 처음 투자했던 자기 돈에 비해 훨씬 큰 이익을 얻을 수 있습니다.

① 전세보증금 운용 수익(보증금을 투자해서 얻는 이익)

② 자본이득 수익(집값이 올라 생기는 차익)

이러한 집주인의 총 임대 수익률은 다음과 같은 식으로 나타낼 수 있습니다.

총 임대 수익률 = 전세보증금 운용수익률 + 자본이득 수익률

하지만 만약 집값이 오르지 않는다면 어떻게 될까요? 이 경우에는 집주인이 받은 전세 보증금만으로는 집을 사는 데 들었던 세금(취득세, 보유세)이나, 시간이 지나면서 집의 가격이 떨어지는 것과 같은 모든 비용을 감당해야 하므로 오히려 손해를 보게 됩니다.

전세의 구조

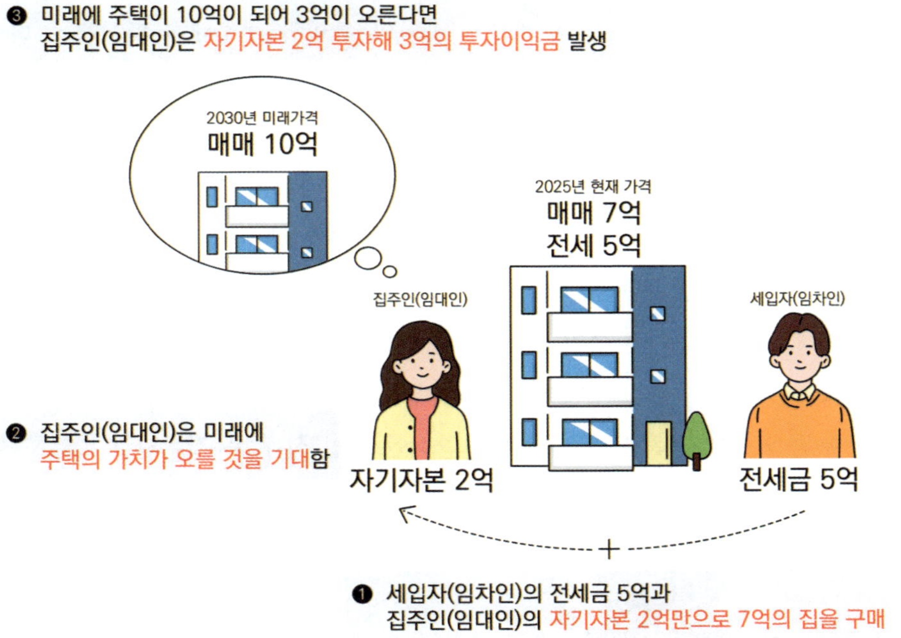

결국 전세 제도는 "앞으로 집값이 계속 오를 것이다"라는 믿음이 있어야만 집주인과 세입자 모두에게 이익이 될 수 있는 구조입니다. 하지만 반대로 집값이 떨어지면 전세는 아주 큰 위험이 됩니다. 집값보다 전세 보증금이 더 많아져서 세입자에게 보증금을 제대로 돌려주지 못하는 '깡통전세'가 될 수도 있는 것입니다.

정리하자면 전세는 단순히 집을 빌리는 계약이 아니라 집주인과 세입자 간의 일종의 금융 거래와 같은 구조이며, 집값 상승에 대한 기대감을 바탕으로 유지되는 투자 방식이라고 할 수 있습니다.

4 전세사고와 전세사기

전세 계약 종료 후 세입자(임차인)이 전세금을 온전히 돌려받지 못하는 상황은 크게 전세사고와 전세사기 두 가지 유형으로 구분할 수 있습니다. 이 두 유형은 결과적으로 세입자에게 재산상의 손해를 발생시킨다는 공통점을 가지지만, 집주인(임대인)의 보증금 미반환의 고의성 부분에서 차이를 나타냅니다.

1) 전세사고

전세사고는 집주인(임대인)이 고의적인 기망* 행위 없이, 예측하기 어렵거나 피할 수 없는 부동산 시장의 가치 하락 등 상황의 변화로 인해 세입자(임차인)에게 전세금을 반환하기 어려워지는 경우를 의미합니다. 이러한 전세사고는 주로 다음과 같은 요인들에 의해 발생할 수 있습니다.

부동산 경기 침체, 금리 인상, 개인적인 사업 실패 등 집주인 스스로도 예상치 못한 경제적인 어려움으로 인해 전세금을 돌려줄 자금이 부족해지는 상황입니다.

* 기망: 거짓을 말하거나 진실을 숨김으로써 상대방을 착오에 빠지게 하는 행위

기사로 알아보는 전세 계약

"세입자 못 구해서 보증금 못 준다"…전세대출 규제에 '역전세난'

정부의 전세대출 규제 강화 여파로 전국 주택 전세가격이 하락하는 가운데 기존 전세 보증금에 맞춰 세입자를 구하지 못한 집주인들이 증가하면서 이른바 '역전세난' 부작용이 속출하고 있습니다.
법원 등기정보광장의 임차권 등기명령에 의한 집합건물(아파트·연립·다세대주택) 임차권 설정 등기 신청 건수는 전국적으로 크게 늘었습니다. 임차권 등기명령은 전월세 계약 기간이 종료됐지만 집주인이 세입자의 보증금을 돌려주지 않을 때 세입자가 등기부에 미반환된 보증금 채권이 있다는 사실을 명시하는 제도입니다. 세입자의 대항력과 우선변제권을 법원에서 보장해주는 장치로 신청이 늘었다는 것은 세입자의 보증금을 돌려주지 못하는 집주인이 증가했다는 의미입니다.

출처: 서울경제, 2024.11.15.

전세사고가 발생했을 경우, 집주인은 세입자에게 전세금을 반환해야 할 민사상 채무 불이행 책임을 지게 되지만, 고의적인 사기 의도가 없었기 때문에 형사적인 처벌 대상이 되기는 어렵습니다.

2) 전세사기

전세사기란 집주인(임대인)이 전세금을 반환할 의사가 처음부터 없거나, 세입자(임차인)를 고의로 속여 부당한 이익을 취할 목적으로 전세계약을 체결하는 행위를 말합니다. 이러한 행위는 단순한 계약 위반을 넘어, 사기 범죄에 해당할 수 있습니다.

전세사기의 주요 특징은 계획적이고 악의적인 범행이라는 점입니다. 계약 당시부터 보증금을 돌려줄 능력이 없거나, 이를 다른 용도로 사용할 계획을 세운 뒤 임대차 계약을 체결하는 경우가 많습니다. 특히 한 명이 아닌 다수의 세입자를 대상으로 조직적으로 이루어지는 경우도 있으며, 사전에 정교하게 준비된 다양한 수법이 동원됩니다.

기사로 알아보는 전세 계약

전세사기 수법, 갈수록 고도화… 보증금 반환을 위한 대응 방안은?

전세사기가 발생하는 이유는 다양합니다. 그 중에서도 무자본 갭투자는 주요 원인으로 지목되고 있습니다. 무자본 갭투자란 임대인이 보유한 전세 보증금을 이용해 다른 주택을 매입하는 방식으로 부동산 경기가 호황이던 시기, 이러한 투자 방식은 선망과 칭찬의 대상이 되었습니다. 그러나 경기가 침체되면서 기대했던 시세 차익을 얻지 못하게 되고, 결국 임대인이 보증금 반환 능력을 잃게 되어 모든 손해를 임차인이 떠안는 사태가 반복되고 있습니다.

처음부터 임대인과 부동산중개인 등 업계 관계자들이 조직적으로 사기 행각을 벌이는 경우도 적지 않습니다. 시세 확인이 어려운 다가구, 다세대 주택이나 신축 빌라 등을 이용하여 전세 보증금을 비정상적으로 높게 만드는 것입니다. 주택 매매가가 전세가보다 낮은 이른바 '깡통 전세'임을 알지 못한 임차인이 임대 계약을 체결하게 되면 결국 전세 보증금을 돌려받지 못하는 상황에 직면하게 됩니다.

출처: 비욘드포스트, 2025.03.27

대표적인 수법으로는 깡통전세, 무자본 갭투자, 명의신탁(바지사장), 신탁등기 활용 사기 등이 있으며, 이러한 수법들은 대부분 세입자의 정보력 부족과 사회적 취약성을 노린다는 공통점을 가지고 있습니다. 실제로 전세사기의 주요 피해자는 부동산 거래 경험이 적은 사회 초년생이나 신혼부부 등인 경우가 많습니다.

전세사고와 전세사기

구분	전세사고	전세사기
임대인의 고의성	없음(예측 불가하거나 불가피한 상황 변화)	있음(처음부터 전세금 반환 의사 없음 또는 적극적인 기망 의도)
주요발생 원인	임대인의 경제적 어려움, 주택 가치 하락 등	계획적인 범행, 악의적인 의도, 임차인의 취약성 이용, 다양한 사기 수법
법적 책임	민사상 채무 불이행 책임 (전세금 반환 의무)	형사상 사기죄 및 민사상 손해배상 책임

전세사기를 저지른 집주인은 형법상 사기죄로 형사 처벌을 받을 수 있으며, 동시에 세입자에게 발생한 금전적 손해에 대해 민사상 손해배상 책임도 부담하게 됩니다.

CHAPTER 2

전세의 법적 기초

학습목표

01 | 전세권과 채권적 전세를 구분하고, 채권적 전세의 물권화를 이해할 수 있습니다.
02 | 전세계약이 어떤 절차를 통해 성립되고 해지되는지 이해할 수 있습니다.
03 | 전세계약서가 어떠한 법적 효력을 가지는지를 이해할 수 있습니다.

"전세가 법적으로 다를 수 있다고? 그리고 전세 계약서 꼭 작성해야 할까?"

계약서에 적힌 한 줄 한 줄이 내가 체결한 전세계약의 기본이 됩니다. 만약 전세 계약에 문제가 생긴다면 어떻게 될까요? 이번 단원에서는 전세의 법적 기초를 살펴보고, 전세계약서의 중요성을 파악해 봅니다.

1 전세의 법적 성질

1) 전세권 vs 채권적 전세(미등기 전세)

전세를 법적 성질로 구분하면 전세권과 채권적 전세(미등기 전세)로 나뉘게 됩니다. 전세권과 채권적 전세(미등기 전세) 모두 타인의 집을 대상으로 전세금을 주고 이용한다는 공통점이 있지만, 법률상 '등기 여부'에서 차이가 있습니다.

전세권은 계약 체결 후 전세권 등기를 완료하면 성립됩니다. 전세권은 등

전세권과 채권적 전세

구분	전세권	채권적 전세
성질	물권	채권
등기 여부	필수	미등기

기된 권리로서 법률적으로 물권으로 분류되며, 채권적 전세보다 강한 권리를 가집니다. 즉, 임대차계약 이후에 등기를 마치게 되면 이후 법률상 전세권으로 인정받습니다.

채권적 전세(미등기 전세)는 임대차계약 체결 후 등기를 하지 않고 입주한 상태입니다. 이 경우에는 별도의 물권이 설정되지 않기 때문에 법적으로는 '임대차'로 분류되며, 세입자(임차인)의 권리는 주택임대차보호법 등에 따라 보호받게 됩니다.

전세의 법적 성질

구분	내용	법률상 의미
전세권	계약 체결 후 전세권 등기 완료 시 성립	전세권
채권적 전세 (미등기 전세)	계약 체결 후 등기를 하지 않고 입주 시 성립	임대차

사례로 알아보는 전세 계약

'전세권 등기'라는 안전장치

세입자(임차인)는 서울의 한 아파트에 전세로 입주하기를 결정하고, 집주인(임대인)과 전세계약을 체결하였습니다. 세입자는 계약 체결 이후 보증금을 안전하게 보호하고자 전세권 등기를 신청하였습니다. 그는 관할 등기소에 전세계약서와 필요한 서류를 제출해 등기 절차를 마쳤고, 등기부 '을구'에 자신의 전세권이 기재된 것을 확인하였습니다.

그 결과, 세입자는 등기된 전세권자로서 물권을 확보하게 되었습니다. 이후 세입자는 전세계약 기간 동안 안정적으로 거주를 이어갈 수 있었습니다. 또한 계약 종료 시점에 보증금을 돌려받지 못하는 상황이 발생하더라도, 전세권에 기반한 경매 청구 등의 법적 조치를 취할 수 있는 보호장치를 갖추게 되었습니다.

2) 채권적 전세(미등기 전세)의 물권화

채권적 전세(미등기 전세)는 법률상 물권으로 성립하지 않기 때문에 세입자(임차인)의 권리는 보호받지 못하게 됩니다. 따라서 물권처럼 강력한 효력을 가지지 못해 제3자에게 자신의 권리를 주장하는 데에 한계가 있습니다. 이러한 채권적 전세에 물권적 효력을 부여하는 것이 '채권적 전세(미등기 전세)의 물권화'입니다.

채권적 전세(미등기 전세)의 물권화는 「주택임대차보호법」에 따라 일정한 요건을 충족함으로써 이루어집니다. 이를 통해 세입자는 등기 없이도 물권에 준하는 효력을 확보할 수 있습니다. 그 요건은 다음과 같습니다.

첫째, 대항력의 확보입니다. 세입자(임차인)가 전입신고를 마치고 실제로 주택에 거주하게 되면 대항력이 발생합니다. 대항력이 생기면 임대차 관계를 제3자에게도 주장할 수 있는 법적 지위가 부여됩니다. 즉, 집주인이 변경되더라도 세입자는 기존 계약에 따라 계속 거주할 수 있는 권리를 갖게 됩니다.

둘째, 우선변제권의 확보입니다. 세입자가 대항력을 확보하고 전세계약서에 확정일자를 부여받으면, 주택이 경매나 공매로 넘어가는 경우에도 후순위

사례로 알아보는 전세 계약

대항력과 우선변제권 확보를 통한 채권의 물권화

세입자(임차인)는 서울의 한 단독주택에 전세로 입주하면서 집주인(임대인)과 전세계약을 체결하였습니다. 하지만 세입자는 전세권 등기를 따로 신청하지 않아 법적으로는 '채권적 전세', 즉 등기가 이루어지지 않은 상태였습니다.

이를 대비하여 세입자는 계약 직후 신속하게 이사와 전입신고(대항력)를 마치고, 대항력을 갖춘 후 주민센터를 방문해 전세계약서에 확정일자(우선변제권)를 받아두었습니다. 이로써 그는 「주택임대차보호법」상 대항력과 우선변제권 요건을 모두 갖춘 상태가 되었고, 비록 전세권 등기를 하지 않았더라도 채권적 전세가 물권화되어 권리 보호를 확보할 수 있었습니다.

권리자보다 우선하여 보증금을 변제받을 수 있는 권리를 얻게 됩니다.

이처럼 대항력과 우선변제권이라는 두 가지 요건을 충족하면, 채권적 전세도 실질적으로 물권화되어 법적 보호를 받을 수 있습니다.

2 전세계약의 성립과 해지

1) 전세계약의 성립

전세 계약이 성립된다는 것은 집주인(임대인)과 세입자(임차인)가 전세 조건에 대해 서로 동의하고, 그 합의된 내용을 바탕으로 계약을 맺는 과정을 의미합니다. 전세 계약이 법적으로 유효하게 성립하기 위해서는 다음과 같은 절차들이 이루어져야 합니다.

첫째, 계약 당사자 간의 합의가 있어야 합니다. 이는 집주인과 세입자가 전세금, 계약기간, 주택의 사용 범위 등 주요 조건에 대해 서로 이해하고 동의하는 것을 말합니다. 이러한 합의는 말(구두)로 할 수도 있고, 서면으로 할 수도 있지만, 나중에 법적 보호를 받기 위해서는 명확하게 서면으로 계약서를 작성하는 것이 일반적입니다.

둘째, 계약서 작성 단계입니다. 합의된 내용을 바탕으로 전세 계약서를 작성합니다. 이 계약서에는 집주인과 세입자의 이름, 주소 등의 인적 사항, 전세금의 액수와 지급 방법, 계약을 시작하고 끝내는 기간 등의 중요한 정보들이 포함됩니다. 계약서는 나중에 분쟁이 발생했을 때 법적인 증거가 되므로 신중하게 작성해야 합니다.

셋째, 세입자가 집주인에게 약속한 전세금을 지급해야 합니다. 전세금은 계약 조건에 따라 계약 시 일부를 지급하고, 잔금을 이사 당일에 지급하는 것이 일반적입니다. 전세금 지급은 계약을 이행하는 중요한 부분입니다.

넷째, 집주인이 계약된 주택을 세입자에게 인도함으로써 전세 계약이 최종적으로 완료됩니다. 주택의 인도는 세입자가 해당 주택에 들어가서 살 수 있도록 열쇠를 넘겨주는 것을 의미합니다.

이러한 네 가지 절차가 모두 완료되면, 집주인과 세입자 사이에 유효한 전세 계약이 성립됩니다.

전세계약의 성립과정

① 계약 당사자 간의 합의 ② 계약서 작성 ③ 전세금 지급 ④ 주택의 인도

2) 전세계약의 해지

전세계약의 해지란 계약 당사자 중 한 쪽이 계약을 종료하겠다는 의사를 표시하고 이에 따라 계약이 종료되는 과정을 말합니다. 해지는 다양한 사유로 발생할 수 있으며, 계약서에 명시된 조건과 관련 법률에 따라 진행됩니다.

첫째, 계약 기간 만료에 따른 종료입니다. 집주인(임대인)이 임대차기간이 끝나기 6개월 전부터 2개월 전까지의 기간에 세입자(임차인)에게 갱신거절의 통지를 하거나, 계약조건을 변경하지 않으면 갱신하지 않는다는 뜻의 통지를 한 경우에는 임대차 기간이 끝난 때에 종료합니다. 집주인은 전세금을 반환할 의무가 있으며, 세입자는 주택을 원상복구하여 반환할 의무가 있습니다.

둘째, 계약해지의 통고입니다. 세입자는 임대차계약이 묵시적으로 갱신된 경우에는 언제든지 계약을 해지할 수 있으며, 이 경우 세입자가 계약해지를 통보하면 집주인이 그 통지를 받은 날로부터 3개월 후에 계약이 종료됩니다.

셋째, 세입자의 파산입니다. 세입자가 파산선고를 받은 경우 계약 기간이 남아 있더라도 집주인은 계약해지를 통보할 수 있습니다. 이 경우 집주인은 계약해지로 인해 생긴 손해에 대해 세입자에게 배상청구를 할 수 없습니다.

넷째, 즉시 해지입니다. 계약기간이 남아 있더라도, 일정한 사유가 있을 경우에는 계약 당사자는 즉시 계약을 해지할 수 있습니다. 예를 들어 임차주택의 일부가 세입자의 과실 없이 멸실 그 밖의 사유로 사용·수익할 수 없는 경우 그 잔존부분으로 임차의 목적을 달성할 수 없는 때(「민법」 제627조) 또는

세입자가 집주인의 동의 없이 임차권을 양도하거나 임차주택을 전대한 경우(「민법」 제629조제2항)에 즉시해지가 가능합니다. 이 경우 해지 의사표시가 상대방에게 도달한 때 계약이 종료됩니다.

전세계약의 해지

① 계약 기간 만료에 따른 해지
② 계약해지의 통고
③ 임차인의 파산
④ 즉시해지

3) 전세계약서의 법적 효력

전세 계약서는 집주인(임대인)과 세입자(임차인)가 전세와 관련된 중요한 내용들을 서로 합의하고, 그 내용을 문서로 명확하게 기록한 것입니다. 이 계약서는 법적으로 매우 중요하며, 계약에 서명한 양쪽 당사자 모두에게 법적인 구속력을 갖게 됩니다. 즉, 계약서에 적힌 내용은 법에 따라 지켜야 할 약속이 되는 것입니다.

전세 계약서의 법적 효력은 다음과 같습니다.

첫째, 계약 성립의 확실한 증거가 됩니다. 전세 계약서는 집주인과 세입자 사이에 전세 계약이 맺어졌다는 사실을 증명하는 문서입니다. 양쪽 당사자가 계약서에 서명함으로써, 서로의 권리와 의무를 법적으로 확정하게 됩니다. 이는 나중에 분쟁이 발생했을 때 중요한 증거로 사용될 수 있습니다.

둘째, 권리와 의무를 명확하게 규정합니다. 계약서에는 집주인과 세입자가 각각 어떤 권리를 가지고 어떤 의무를 져야 하는지가 상세하게 명시됩니다. 예를 들어, 세입자는 집주인에게 약속한 전세금을 지급해야 할 의무가 있고, 집주인은 세입자가 계약기간 동안 해당 주택을 문제없이 사용할 수 있도록 제공해야 할 의무가 있습니다. 또한, 계약이 종료되면 집주인은 세입자에게 전세금을 반환하고, 세입자는 주택을 집주인에게 다시 돌려줘야 하는데, 이 두 가지 의무는 동시에 이행해야 하는 관계입니다. 즉, 서로 동시에 자신의 의무를 이행해야 한다는 의미입니다.

셋째, 분쟁 해결의 중요한 근거가 됩니다. 만약 집주인이 정당한 이유 없이 전세금을 돌려주지 않거나, 세입자가 계약서에 명시된 조건을 어겼을 경우, 전세 계약서는 법적인 분쟁을 해결하는 데 증거 자료가 됩니다. 계약서에 명확하게 기재된 내용을 바탕으로 자신의 권리를 주장하고 상대방의 의무 이행을 요구할 수 있습니다.

넷째, 세입자 보호를 위한 안전장치 역할을 수행합니다. 세입자는 전세 계약서를 바탕으로 전세권 등기라는 법적 절차를 진행할 수 있습니다. 이렇게 등기를 마치게 되면 전세권을 가지게 됩니다. 또한, 채권적 전세의 경우에는 대항력(전입신고와 점유)을 취득한 뒤 계약서에 확정일자를 받아두면, 비록 등기를 하지 않았더라도 세입자의 보증금을 보호받을 수 있습니다.

CHAPTER 3

전세에서 알아야 할 권리와 의무

학습목표

01 | 전세계약에서 세입자(임차인)와 집주인(임대인)의 권리와 의무를 명확히 이해할 수 있습니다.

"집주인이 갑자기 집을 내어달라고 하면 어쩌지?"

집을 빌려주는 사람과 빌리는 사람은 각자 주장할 수 있는 권리와 지켜야 할 의무가 존재합니다. 이번 단원에서는 이런 상황에 대비해 계약 당사자인 세입자(임차인)와 집주인(임대인)의 권리와 의무를 함께 살펴봅니다.

1 세입자의 권리

세입자(임차인)는 전세 계약을 체결함으로써 보증금을 집주인(임대인)에게 맡기고 주택을 사용하는 권리를 갖게 됩니다. 단순히 거주하는 것을 넘어 세입자는 법률에 따라 다양한 권리를 보장받습니다. 이러한 권리는 임대차계약의 이행 과정에서 세입자의 지위를 보호하고, 계약기간 동안 안정적으로 주거할 수 있도록 하는 데 목적이 있습니다.

1) 사용 · 수익권(임차권)

세입자(임차인)는 전세계약을 통해 주택을 직접 사용하고 그로부터 이익을 누릴 수 있는 권리를 갖습니다. 만약 집주인(임대인)이 주택을 인도하지 않는 경우, 세입자는 주택의 인도를 정당하게 요구할 수 있습니다. 또한 계약 기간 동안 세입자는 주택을 정상적으로 사용하고 수익을 누릴 수 있도록 해달라고 요구할 권리가 있습니다.

다만, 세입자는 이러한 권리를 집주인의 동의 없이 제3자에게 양도하거나 주택을 전대할 수 없습니다. 이를 위반할 경우, 집주인은 해당 행위의 중단을 요구하거나 손해배상을 청구할 수 있으며, 필요한 경우 계약을 해지할 수도 있습니다.

2) 임대차등기협력청구권

세입자(임차인)는 집주인(임대인)에게 임대차계약과 관련된 등기를 함께 진행해 줄 것을 요청할 수 있습니다. 등기를 통해 세입자는 자신의 계약상 권리를 보다 확실하게 보호받을 수 있습니다.

3) 차임감액청구권

세입자(임차인)의 과실 없이 주택의 일부를 사용하거나 수익할 수 없게 된 경우, 세입자는 그에 해당하는 비율만큼 차임을 감액해 달라고 요구할 수 있습니다. 이때 감액 비율은 전체 면적이 아닌 이용 가치의 감소 정도에 따릅니다. 남은 부분으로 계약 목적을 달성할 수 없는 경우에는 계약 전체를 해지할 수 있습니다.

또한 경제 사정의 변동으로 인해 차임이 과도하게 높아진 경우에도 장래의 차임에 대해 감액을 요구할 수 있습니다.

4) 부속물매수청구권 또는 철거권

세입자(임차인)는 집주인(임대인)의 동의를 받아 설치한 부속물이 있는 경우, 임대차계약 종료 시 해당 부속물의 매수를 집주인에게 청구할 수 있습니다. 만약 집주인이 이를 매수하지 않겠다고 하면, 세입자는 주택을 반환할 때 해당 부속물을 철거할 수 있는 권리를 가집니다.

5) 필요비상환청구권

세입자(임차인)가 주택을 사용하는 동안 필수적인 수리나 유지관리를 위해 비용을 지출한 경우, 집주인(임대인)에게 그 비용의 상환을 청구할 수 있습니다. 이때의 비용을 '필요비'라고 하며, 이는 임차주택을 계약 목적에 맞게 사용하고 수익할 수 있도록 적절한 상태로 보존·유지하기 위해 들어간 모든 비용을 의미합니다. 필요한 경우에는 집주인의 동의 없이 지출한 비용도 포함될 수 있습니다.

| 더 알아보기

필요비: 건물을 유지하는 데 꼭 필요한 돈

필요비는 말 그대로 건물이 제대로 기능을 하고, 우리가 안전하고 편안하게 살 수 있도록 꼭 필요한 비용을 말합니다. 마치 사람이 아프면 병원에 가서 치료를 받아야 하는 것처럼, 집도 문제가 생기면 고쳐야 합니다.

예

- 물이 새는 곳을 고치는 수리비(누수 수리)
- 추운 겨울에 난방이 안 되는 고장 난 보일러를 교체하는 비용
- 전기가 안 들어와서 전선을 고치는 비용
- 건물 벽이 무너지는 것을 막기 위한 보수 비용

이런 것들이 필요비에 해당합니다. 이렇게 건물을 유지하고 기본적인 생활을 가능하게 하는 데 꼭 필요한 비용은 세입자(임차인)가 먼저 지출했더라도, 나중에 집주인(임대인)에게 그 돈을 돌려달라고 요구할 수 있습니다.

유익비: 건물 가치나 편리함을 높이는 돈

유익비는 필요비와는 달리, 건물을 사용하는 데 꼭 필요한 건 아니지만, 건물의 가치를 더 좋게 만들거나, 우리가 생활하기에 더 편리하게 만들기 위해 쓰는 돈을 말합니다. 집 자체의 수명이나 기능을 유지하는 것보다는, '더 좋게, 더 편하게' 만드는 데 들어가는 비용이라고 생각하면 됩니다.

예

- 베란다를 확장하여 주거 공간을 넓히는 경우
- 건물의 진입로를 개설하여 이동을 편리하게 하는 경우
- 화장실 또는 부엌을 증축하여 주거생활을 편리하게 하는 경우

이런 것들이 유익비에 해당합니다. 이러한 비용은 집의 가치를 실제로 높였다고 인정될 경우, 계약이 끝날 때 세입자(임차인)가 집주인(임대인)에게 그 비용을 돌려달라고 청구할 수 있습니다.

6) 유익비상환청구권

세입자(임차인)가 임대차 기간 동안 주택의 가치를 높이기 위해 비용을 지출한 경우, 계약 종료 시 집주인(임대인)에게 그 비용의 상환을 요구할 수 있습니다. 이러한 비용을 '유익비'라고 하며, 이는 세입자가 임차주택의 객관적인 가치를 증가시키기 위해 투입한 비용을 의미합니다.

2 세입자의 의무

세입자(임차인)는 전세 계약을 체결하면서 주택을 사용할 권리와 함께 일정한 의무도 부담하게 됩니다. 이러한 의무는 계약의 성실한 이행을 보장하는 데 중요한 역할을 합니다. 다음은 세입자가 부담하는 주요 의무에 대한 설명입니다.

1) 차임지급의무

전세 계약은 주택을 사용하기 위해 보증금을 한 번에 지급하는 형태로, 계약 조건에 따라 주택에 대한 사용·수익의 대가인 보증금을 집주인(임대인)에게 지급해야 합니다. 이를 이행하지 않으면 채무불이행으로 간주되어 계약 해지의 사유가 될 수 있습니다.

2) 임차 주택의 사용 수익에 따른 의무(관리 의무)

세입자(임차인)는 계약 내용이나 임차주택의 성질에 따라 정해진 용도에 맞게 주택을 사용 · 수익할 의무가 있습니다. 또한 임대차기간 동안 임차주택을 선량한 관리자의 주의로 보존해야 할 책임이 있습니다.

임차주택에 수리가 필요하거나, 해당 주택에 대해 제3자가 권리를 주장하는 경우에는 세입자는 이를 집주인에게 통지해야 합니다. 다만, 집주인이 이미 그 사실을 알고 있는 경우에는 통지 의무가 면제됩니다.

3) 임차 주택의 반환 의무 및 원상회복 의무

계약이 종료되면 세입자(임차인)는 주택을 집주인(임대인)에게 반환해야 합니다. 세입자가 주택을 수리하거나 변경한 때에는 원칙적으로 수리 · 변경 부분을 철거하여 계약 당시의 상태로 사용할 수 있도록 해야 합니다. 다만, 원상회복의무의 내용과 범위는 전세계약의 내용, 계약 당시 주택의 상태, 세입자가 수리하거나 변경한 내용 등을 고려하여 정해야 합니다.

3 집주인의 권리

집주인(임대인)은 주택을 세입자(임차인)에게 임대함으로써 계약에 따라 정해진 권리를 가집니다. 이러한 권리는 임대차계약이 성립되고 유지되는 과정에서 집주인의 재산을 보호하고, 계약 내용을 이행 받기 위해 필요합니다. 다음은 집주인이 가지는 주요 권리에 대한 설명입니다.

1) 차임 지급 청구

집주인(임대인)은 세입자(임차인)에게 계약서에 명시된 보증금을 지급할 것을 요구할 수 있습니다.

2) 차임 증액 청구

조세, 공과금 또는 경제 사정의 변화로 인해 차임이나 보증금이 적절하지 않게 된 경우, 집주인(임대인)은 장래에 대해 금액의 증액을 청구할 수 있습니다. 단, 계약 체결일 또는 직전 증액일로부터 1년 이내에는 증액 청구를 할 수 없으며, 그 비율은 5%를 초과할 수 없습니다.

3) 임대물 반환 청구권

임대차계약이 종료되면 집주인(임대인)은 세입자(임차인)에게 주택을 반환해 줄 것을 요구할 수 있으며, 이와 함께 원상 회복도 청구할 수 있습니다.

4 집주인의 의무

집주인(임대인)은 주택을 세입자(임차인)에게 임대함으로써 일정한 권리를 가지는 동시에, 그에 상응하는 의무도 부담하게 됩니다. 이러한 의무는 세입자의 주거 생활을 안정적으로 유지하고, 계약 종료 시 보증금을 돌려줄 수 있는 구조를 만들기 위해 필요합니다. 다음은 집주인이 부담하는 주요 의무에 대한 설명입니다.

1) 주택을 사용·수익하게 할 의무

집주인(임대인)은 계약기간 동안 세입자(임차인)가 주택을 정상적으로 사용하고 수익할 수 있도록 상태를 유지해 줄 의무가 있습니다. 이를 위해 집주인이 주택을 세입자에게 인도해야 하며, 세입자가 전세계약 기간 중 그 주택을 사용·수익하는 데 필요한 상태를 유지하게 할 수선의무를 집니다.

임차한 주택의 수선의무는 누구에게 있을까요?

Q 세입자(임차인)는 집주인(임대인)과 주택임대차계약을 체결하고, 해당 주택에 입주하여 생활하던 중 난방시설이 고장이 났습니다. 이 경우 난방시설의 수리는 세입자와 집주인 중 누구의 책임인가요?

A 집주인(임대인)은 목적물, 즉 전세계약한 주택을 세입자(임차인)에게 인도하고 계약 유지 중 그 사용·수익에 필요한 상태를 유지하게 할 의무를 부담합니다.

전세계약한 집에 파손 또는 장해*가 생긴 경우 그것이 세입자(임차인)가 별 비용을 들이지 않고 손쉽게 고칠 수 있을 정도의 사소한 것이어서 세입자(임차인)의 사용·수익을 방해할 정도의 것이 아니라면 임대인은 수선의무를 부담하지 않지만, 그것을 수선하지 않으면 임차인이 계약에 의하여 정해진 목적에 따라 사용·수익할 수 없는 상태로 될 정도의 것이라면 임대인은 그 수선의무를 부담해야 합니다(대법원 1994. 12. 9. 선고, 94다34692, 94다34708 판결).

*장해: 하고자 하는 말을 막아서 방해함

2) 방해 제거 의무

주택을 인도한 이후에도 종전의 세입자(이전 임차인) 등 제3자가 주택을 점유하고 있는 경우, 집주인(임대인)은 그 방해를 제거해야 할 책임이 있습니다.

3) 임차 보증금의 반환 의무

계약이 종료되면 집주인(임대인)은 세입자(임차인)에게 보증금을 반환해야 하며, 이 의무는 세입자의 임차주택 반환 의무와 동시에 이행되어야 합니다.

SUMMARY

다음 내용을 통해 학습한 내용을 정리해 봅시다.

전세의 개념

전세는 세입자(임차인)가 일정 금액의 보증금을 집주인(임대인)에게 맡기고, 계약기간 동안 별도의 월 임대료 없이 주택을 사용하는 임대차 방식입니다. 계약 종료 시 보증금은 전액 반환되는 것이 원칙이며, 계약 초기에 목돈이 필요하지만 월세 부담이 없다는 점에서 주거 비용 안정성 측면에서 장점이 있습니다.

전세의 구조

우리나라의 전세 제도는 월세처럼 눈앞의 현금 수익을 얻는 방식이 아니라, 앞으로 집값이 오를 것이라는 기대감을 바탕으로 움직입니다. 그림의 예처럼 집주인(임대인)은 세입자(임차인)에게서 받은 전세 보증금을 제외한 나머지 금액만 실제로 투자하게 되며, 집값이 오

전세의 구조

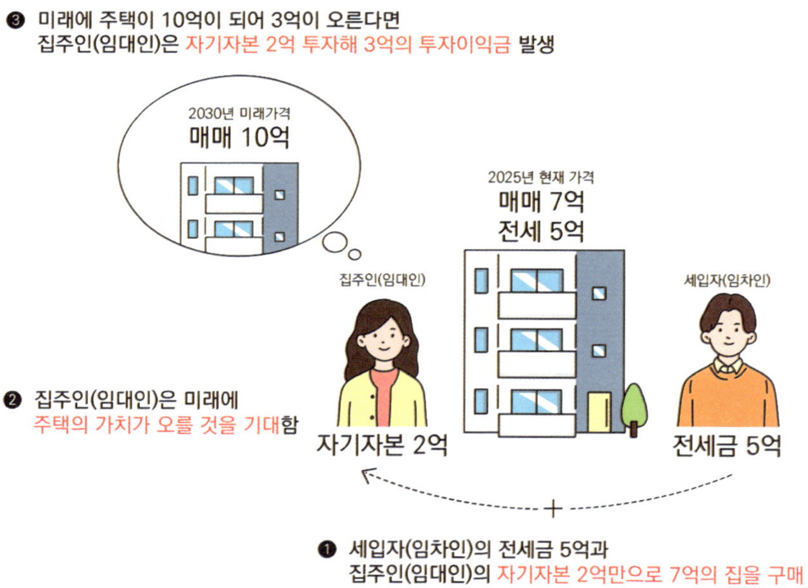

를 경우 적은 자기자본으로 큰 수익을 얻을 수 있습니다. 이러한 구조를 '레버리지 효과'라고 합니다.

전세사고와 전세사기

전세금을 돌려받지 못하는 상황은 '전세사고'와 '전세사기'로 나뉩니다. 전세사고는 집주인의 선의* 또는 무과실로 인한 집값 하락 등 예기치 못한 상황으로 전세금을 돌려주지 못하는 경우입니다. 반면 전세사기는 집주인이 처음부터 보증금을 돌려줄 생각이 없거나, 세입자를 속여 계약을 맺는 고의적인 범죄입니다. 두 경우 모두 세입자에게 큰 손해를 주지만, 고의성 여부에서 차이가 있습니다.

> **선의**
> 자신의 행위가 법률관계의 발생, 소멸 및 그 효력에 영향을 미치는 사실을 모르는 일

전세의 법적형태

전세를 법적 성질로 구분하면 전세권과 채권적 전세(미등기 전세)로 나뉘게 됩니다. 전세권과 채권적 전세(미등기 전세) 모두 타인의 집을 전세금을 주고 이용한다는 공통점이 있지만, 법률상 '등기 여부'에서 차이가 있습니다.

전세권은 계약 체결 후 전세권 등기를 완료하면 성립됩니다. 전세권은 등기된 권리로서 법률적으로 물권으로 분류되며, 등기를 마친 이후 법률상 전세권으로 인정받습니다.

채권적 전세(미등기 전세)는 계약 체결 후 등기를 하지 않고 입주한 상태입니다. 채권적 전세가 성립됩니다. 이 경우에는 별도의 물권이 설정되지 않기 때문에 법적으로는 '임대차'로 분류되며, 세입자(임차인)의 권리는 주택임대차보호법 등에 따라 보호받게 됩니다.

EXCERCISE

다음 문제를 풀어보며 학습한 내용을 잘 이해했는지 확인해 봅시다.

01 | '전세'의 개념을 서술하세요.

02 | 전세와 월세의 임대료 지불방식 기준으로 주요 차이점을 서술하세요.

03 | 전세 계약에서 집주인이 보증금을 활용해 얻을 수 있는 이익인 '레버리지 효과'에 대해 서술하세요.

04 | 채권적 전세(미등기 전세)의 물권화에 대해 개념과 요건을 서술하세요.

05 | 전세사기와 전세사고의 차이점을 서술하세요.

06 | 다음 사례를 읽고, 어떤 법적 권리를 의미하는지 서술하세요.

> **사례**
>
> A씨는 전세 계약 기간 중에 보일러 고장으로 직접 수리를 하고 비용을 지불했습니다. A씨는 수리가 끝난 뒤 집주인에게 수리비를 돌려달라고 요구하였습니다.

07 | 세입자(임차인)가 "임대차 기간 동안 주택의 가치를 높이기 위해 비용을 지출한 경우, 계약 종료 시 집주인(임대인)에게 그 비용의 상환을 요구할 수 있는 권리"는 무엇인가요?

08 | 전세계약이 종료된 후 집주인(임대인)과 세입자(임차인)가 동시에 이행해야 하는 각각의 의무는 무엇인가요?

PART 2에서는 전세계약을 안전하게 체결하기 위해 꼭 알아야 할 세입자(임차인) 보호 제도와 부동산의 기초 개념을 학습하고 주택임대차보호법이 보장하는 세입자의 권리와 확정일자제도, 임차권등기명령 등을 이해합니다. 또한 등기사항전부증명서(등기부)와 건축물대장을 통해 해당 주택의 소유관계, 권리관계, 위법 건축 여부를 확인하는 방법을 배우며, 「전세사기피해자 지원 및 주거안정에 관한 특별법」의 주요 내용과 지원 대상도 함께 살펴봅니다.

PART
2

전세계약을 위해 알아야 할 부동산 지식

CHAPTER 4

전세계약의 법적 보호장치

학습목표

01 | 주택임대차보호법의 핵심 내용인 대항력, 우선변제권, 최우선변제의 의미를 이해할 수 있습니다.

02 | 세입자(임차인)의 권리를 지키기 위한 제도적 장치인 주택임대차보호법, 확정일자제도, 임차권등기명령 제도 등의 개념을 이해할 수 있습니다.

"집을 빌려 사는 사람도 법의 보호를 받을 수 있을까요?"

우리나라의 주택임대차보호법은 세입자(임차인)가 불리한 위치에 놓이지 않도록 다양한 장치를 마련하고 있습니다. 이번 단원에서는 세입자를 보호하는 법의 핵심 개념들(대항력·우선변제권·최우선변제), 그리고 확정일자와 임차권등기명령제도 등 주택임대차계약의 전반적인 구조와 보호 장치를 배워봅니다.

1 주택임대차보호법

1) 주택임대차보호법 개요

주택임대차보호법은 '주거용 건물의 임대차에 관하여 민법에 대한 특례를 규정함으로써 국민의 주거생활 안정을 보장할 목적'으로 1981년에 제정되어 시행되고 있습니다. 우리나라의 주택임대차 형태는 다른 나라와 달리 월세보다는 주택가격의 상당한 금액을 전세보증금으로 지급하는 형식을 갖추고 있습니다. 그러나 대부분의 세입자(임차인)에게 전세보증금은 사실상 전 재산이나 다름없기 때문에, 임대차기간이 끝난 후 보증금을 돌려받지 못할 경우 생활 기반 자체가 무너지는 심각한 사회 문제가 발생할 수 있습니다.

이에 따라 세입자의 주거안정과 임대차보증금의 반환을 보장하기 위하여 사회적 약자인 세입자에게 특별한 법적 지위를 인정함으로써 민법의 특례규정으로 주택임대차보호법이 1981년에 도입되었습니다. 즉 현행 민법상 집주인(임대인)에게 등기협력의무를 규정하고 있음에도 불구하고, 전세나 월세 입주자는 전세권이나 임차권의 등기를 하기가 어려워 보증금의 반환을 받을 길이 없었기 때문에 주택임대차보호법은 등기를 하지 않더라도 보증금의 반환이 가능하도록 하였다는 것에 의미가 있습니다.

2) 주택임대차보호법의 적용

주택임대차보호법은 계약 당시 실제로 주거용으로 사용되는 건물에 적용됩니다. 즉, 등기부에 어떤 용도로 기재되어 있는지는 상관없이 실제로 사람이 거주하고 있다면 주택임대차보호법의 보호를 받을 수 있습니다.

또한 원래는 개인 간의 임대차계약만 주택임대차보호법의 적용 대상이었지만, 2014년 1월부터는 중소기업이 직원 주거용으로 주택을 임차한 경우에도 세입자(임차인) 보호가 가능해졌습니다.* 이 경우, 해당 직원이 실제로 거주하고 주민등록까지 이전했다면 대항력 등 법적 권리를 인정받을 수 있습니다.

전세 외에도 보증부월세가 증가하면서 서민들의 월세 부담도 커지고 있습니다. 이를 줄이기 위해 정부는 보증금을 월세로 전환할 때, 전환율 상한을 월 10% 또는 한국은행 기준금리+2% 중 더 낮은 비율을 적용하고 있습니다.

3) 주택임대차보호법의 핵심

주택임대차보호법은 세입자(임차인)의 주거 안정을 지키는 데 중점을 두

* 주택임대차보호법, 2013.8.13, 일부개정, 시행 2014.1.1, 제3조 제3항 신설

고 있습니다. 단독주택, 아파트뿐만 아니라 방 한 칸만 빌려 주택의 일부만 임차해도 모두 주택임대차보호법의 보호를 받을 수 있습니다.

주요 내용으로는 첫 번째, 세입자가 총 4년(2년+2년)간 거주할 수 있도록 보장하는 계약갱신요구권입니다. 이 제도는 세입자가 임차한 이후 최소 2년 동안은 안심하고 거주할 수 있도록 하며, 한 번의 갱신을 통해 최대 4년까지 계약을 연장할 수 있게 합니다. 또한 임대차계약 기간을 2년 미만으로 정했더라도, 법적으로는 2년간 계약이 유지되는 것으로 간주됩니다. 다만 세입자가 원할 경우에는 2년 미만의 계약 기간도 유효하다고 주장할 수 있습니다. 이에 따라 세입자는 계약갱신요구권을 1회에 한하여 요청할 수 있고 집주인(임대인)은 정당한 사유 없이 이를 거절할 수 없게 되었습니다. 또한 계약이 끝났더라도 보증금을 아직 돌려받지 못한 상태라면, 계약은 계속 유효한 것으로 간주합니다.

두 번째, 2020년 주택임대차보호법 개정을 통해 도입된 전월세상한제입

기사로 알아보는 전세 계약

대출 규제에 서울 아파트 계약갱신청구권 사용 늘었다.

서울 전·월세 시장에서 갱신계약과 계약갱신청구권(갱신권)을 사용하는 임차인이 늘고 있습니다. 대출 규제 강화와 전셋값 상승 여파로 신규 계약보다 기존 계약을 유지하려는 세입자가 많은 것으로 풀이됩니다.

부동산R114에 따르면 올해 3분기 서울 아파트 전·월세 거래 중 갱신 계약 비중은 31.2%로 나타났습니다. 지난해 분기별 평균 27~29%보다 높은 수치로, 올해 들어 1·2분기(각 30.1%)에 이어 3분기에도 상승세를 이어갔습니다.

특히 9월 대출 규제 강화 이후 전·월세 갱신 계약 비중이 늘어난 것으로 나타나 계약 비중은 ▲9월 33% ▲10월 34.4% ▲11월 38.7%로 지속적인 상승세를 보였습니다.

이에 계약갱신청구권 사용 비율도 증가했습니다. 계약갱신청구권은 전·월세 계약을 2년 더 연장할 수 있는 임차인의 권리로, 임대료 상승률을 5% 이내로 제한되고 계약기간 내 1회 사용할 수 있습니다.

출처: 이코노믹리뷰, 2024.12.10.

니다. 이 제도는 주택임대차계약의 갱신과 관련된 내용과 함께, 계약을 갱신할 때 임대료 인상폭을 제한하는 법적 근거를 포함하고 있습니다.

계약을 갱신할 때 임대료를 올릴 수는 있지만, 그 인상폭은 기존 임대료의 5%를 초과할 수 없습니다. 이를 통해 계약 갱신 시 급격한 임대료 상승으로부터 세입자의 부담을 줄이고자 했습니다.

미등기 또는 무허가 건물도 「주택임대차보호법」의 보호를 받을 수 있을까요?

Q A씨는 관할 관청으로부터 허가를 받았으나 아직 등기가 되지 않은 다세대주택의 한 주택을 임차하였습니다. A씨도 「주택임대차보호법」의 보호를 받을 수 있나요?

A 보호 받을 수 있습니다.

> 「주택임대차보호법」은 주택의 임대차에 관하여 「민법」에 대한 특례를 규정함으로써 국민의 주거생활의 안정을 보장함을 목적으로 하고 있고, 주택의 전부 또는 일부의 임대차에 관하여 적용된다고 규정하고 있을 뿐 임차주택이 관할관청의 허가를 받은 건물인지, 등기를 마친 건물인지 아닌지를 구별하고 있지 않으므로, 어느 건물이 국민의 주거생활의 용도로 사용되는 주택에 해당하는 이상 비록 그 건물에 관하여 아직 등기를 마치지 않았거나 등기가 이루어질 수 없는 사정이 있다고 하더라도 다른 특별한 규정이 없는 한 「주택임대차보호법」의 적용대상이 됩니다(대법원 2007.6.21. 선고 2004다26133 전원합의체 판결).

4) 주택임대차보호법의 세입자 보호

앞서 설명한 '주택임대차보호법'은 주택의 임대차에 관하여 국민의 주거생활 안정 보장을 목적으로 한 '민법'에 대한 특례를 정한 법률입니다. '민법'과 비교하였을 때 '주택임대차보호법'의 가장 중요한 특징은 세입자(임차인)의 보호라고 할 수 있습니다. 그 중 가장 핵심이 되는 것은 첫째, 대항력의 인정, 둘째, 보증금에 관한 우선변제권입니다.

① 대항력

주택임대차보호법에서 인정한 대항력은 그 등기가 없는 경우에서도 세입자(임차인)가 주택의 인도(점유)와 주민등록(전입신고)을 마친 때에는 익일(그 다음 날)부터 살고 있는 주택이 매매나 경매 등에 의하여 소유권이 바뀌는 경우

주택 유형에 따른 대항력의 취득

다가구주택을 임대차한 경우

Q A씨는 다가구주택의 103호를 임대하면서 그냥 지번만 기재하고 전입신고를 하였습니다. A씨는 대항력을 취득할 수 있을까요?

A 다가구주택의 103호를 임대하면서 지번만 기재한 A씨는 대항력을 취득합니다.

다가구주택은 단독주택으로 건축허가를 받아 건축되고, 건축물관리대장에도 구분소유가 불가능한 건물입니다. 따라서 A씨는 「주민등록법 시행령」 제9조 제3항에 따라 임차인이 위 건물의 일부나 전부를 임차하여 전입신고를 하는 경우 지번만 기재하는 것으로 충분하고, 나아가 그 전유부분의 표시까지 기재할 의무나 필요가 있다고 할 수 없고, 임차인이 실제로 위 건물의 어느 부분을 임차하여 거주하고 있는지 여부의 조사는 단독주택의 경우와 마찬가지로 위 건물에 담보권 등을 설정하려는 이해관계인의 책임 하에 이루어져야 합니다(대법원 2002. 3. 15. 선고 2001다80204 판결).

다세대주택을 임대차한 경우

Q B씨는 다세대주택의 103호을 임대하면서 그냥 지번만 기재하고 전입신고를 하였습니다. B씨는 대항력을 취득할 수 있을까요?

A 다세대주택의 103호를 임대하면서 지번만 기재한 B씨는 대항력을 취득할 수 없습니다.

다세대주택은 공동주택으로 정확한 호수까지 기입이 필요합니다. 다세대주택 중 1개 세대에 대한 미등기전세권자가 다세대주택 동호수를 기재하지 아니하고 그 지번만을 신고하여 주민등록된 경우, 그 주민등록을 임대차에 대한 유효한 공시방법으로 볼 수 없습니다(대법원 1995.4.28. 선고 94다27427 판결).

에도 새로운 집주인(임대인)에게 계속하여 임차권을 주장할 수 있는 권리를 말합니다.

제3자에게 대항할 수 있다는 것은 살고 있는 주택의 집주인이 변경되어도 세입자의 지위가 새로운 집주인에게 그대로 이전되어 보증금을 반환받을 때까지 계속 거주할 수 있음을 의미합니다. 대항력의 효력은 예를 들어, 홍길동 씨가 2025년 5월 1일 해당 주택을 보증금 1억원에 임차하여 2025년 5월 15일에 주택의 인도와 주민등록을 마쳤다면, 그 다음 날인 2025년 5월 16일 0시(오전 12시)부터 대항력이 생기게 됩니다.

② 우선변제권

우선변제권은 세입자(임차인)가 경매나 공매 등에서 해당 주택의 환가대금*으로부터 후순위 권리자나 기타 다른 채권자보다 우선하여 변제받을 수 있는 권리를 말합니다. 만약 현 세입자보다 순위가 앞서는 권리자가 있다면 선순위 권리자가 먼저 배당받게 됩니다.

대항력(주택의 인도+주민등록)을 갖춘 세입자가 확정일자를 받으면 우선변제권을 갖추게 됩니다. 이때 대항력의 효력 발생시기가 익일 0시(오전 12시)인 것을 감안하여 확정일자를 먼저 받았어도 대항력의 요건을 만족한 날 익일 0시(오전 12시)에 우선변제권 권리가 생기게 됩니다.

우선변제권을 실제로 행사하기 위해서는 배당요구종기일 이전까지 배당요구를 해야 합니다.

| 더 알아보기

우선변제권은 나를 기준으로 후순위권리나 기타 채권보다 우선하여 변제 받을 수 있으며, 선순위 보다 먼저 변제 받을 수는 없습니다.
따라서 주택이 경매에 넘어가게 될 경우를 고려하여 주택 금액에 비해 큰 금액의 선순위 권리가 있다면 다른 안전한 주택을 찾아보는 것이 좋습니다.

* 환가대금: 경매 등으로 해당 물건을 처분할 때 매각되어 얻어진 금액

③ 소액임차인의 우선변제

소액임차인의 우선변제(이하 최우선변제)는 순위에 관계없이 모든 권리자보다 우선하여 경매절차에서 보증금의 일정액을 배당 받게 되는 것을 의미합니다.

이러한 최우선변제는 두 가지의 요건이 필요합니다. 첫째, 경매신청 등기가 완료되기 전까지 대항력을 갖추어야 합니다. 둘째, 소액임차인이어야 합니다. 이 두 가지 요건을 충족하였을 때 등기부 상 가장 먼저 설정된 담보물권 설정 날인 담보물권설정일*을 기준으로 해당 주택 보증금에 따라 해당되는 금액 한도를 최우선변제로 받을 수 있습니다. 최우선으로 변제를 받을 보증금의 범위는 지역과, 담보물권설정일별로 다음 표와 같은 차이가 있습니다.

최우선변제액과 그것을 받을 수 있는 보증금의 범위

담보물권설정일[1)]	지역	보증금 범위	최우선변제액[2)]
1984. 6. 14~ 1987. 11. 30	특별시, 직할시	300만원 이하	300만원까지
	기타 지역	200만원 이하	200만원까지
:	:	:	:
2018. 9. 18 ~2021.5.10	서울특별시	1억 1천만원 이하	3,700만원까지
	수도권정비계획법에 따른 과밀억제권역,[3)] 세종시, 용인시, 화성시	1억원 이하	3,400만원까지
	광역시(수도권정비계획법에 따른 과밀억제권역에 포함된 지역과 군지역은 제외), 안산시, 김포시, 광주시, 파주시	6,000만원 이하	2,000만원까지
	기타 지역	5,000만원 이하	1,700만원까지
2021.5.11 ~ 2023.2.20	서울특별시	1억 5천만원 이하	5천만원까지
	수도권정비계획법에 따른 과밀억제권역(서울특별시는 제외한다), 세종특별자치시, 용인시,	1억 3천만원 이하	4,300만원까지

* 담보물권설정일: 등기부에 근저당권, 담보가등기, 전세권 등 담보물권이 최초로 설정된 날

담보물권설정일[1]	지역	보증금 범위	최우선변제액[2]
	화성시, 김포시		
	광역시(수도권정비계획법에 따른 과밀억제권역에 포함된 지역과 군지역은 제외한다), 안산시, 광주시, 파주시, 이천시, 평택시	7,000만원 이하	2,300만원까지
	기타 지역	6,000만원 이하	2,000만원까지
2023.2.21 ~	서울특별시	16,500만원 이하	5,500만원까지
	수도권정비계획법에 따른 과밀억제권역(서울특별시는 제외한다), 세종특별자치시, 용인시, 화성시, 김포시	14,500만원 이하	4,80만원까지
	광역시(수도권정비계획법에 따른 과밀억제권역에 포함된 지역과 군지역은 제외한다.) 안산시, 광주시, 파주시, 이천시, 평택시	8,500만원 이하	2,800만원까지
	기타 지역	7,500만원 이하	2,500만원까지

주1) 설정일의 기준은 임대차 계약일이 아닌 최초 담보물권(근저당권, 담보가등기, 전세권 등) 설정일의 기준

주2) 주민등록 전입과 주택의 인도가 있어야 함(매각금액의 1/2의 한도)

주3) 의정부시, 구리시, 하남시, 고양시, 수원시, 성남시, 안양시, 부천시, 광명시, 과천시, 의왕시, 군포시, 시흥시(반월특수지역 제외), 남양주시(호평동, 평내동, 금곡동, 일패동, 이패동, 삼패동, 가운동, 수석동, 지금동 및 도농동에 한한다), 인천광역시(강화군, 옹진군, 서구 대곡동·불로동·마전동·금곡동·오류동·왕길동·당하동·원당동, 인천경제자유구역 및 남동 국가산업단지를 제외)

I 더 알아보기

우선변제권을 행사할 수 없는 소액임차인

① 임차주택이 임차권등기명령의 집행에 따라 임차권등기가 끝난 주택을 그 이후에 임차한 세입자(임차인)는 소액임차인에 해당되어도 우선변제권을 행사할 수 없습니다(「주택임대차보호법」 제3조의3제6항).

② 처음 주택임대차계약을 체결할 때에는 소액임차인에 해당되었지만, 그 후 계약을 갱신하는 과정에서 보증금이 증액되어 소액임차인에 해당하지 않는 경우에는 우선변제권을 행사할 수 없습니다(대구지법 2004. 3. 31. 선고 2003가단134010 판결).

대항력·우선변제권·최우선변제

구분	대항력	확정일자 임차인의 우선변제권	소액임차인의 우선변제
구비 요건	• 주택인도(입주) • 주민등록 전입신고	• 대항력의 요건 • 확정일자 부여	• 대항력의 요건
효력	• 상기요건 구비 시 익일 0시부터 효력 발생	• 부여받은 확정일자에 저당권을 설정한 것과 동일한 우선변제력이 인정됨 • 주택임대차보호법상 명시돼 있지는 않으나 대법원 판례에 따르면 우선변제권은 경매절차에서 1회에 한해서만 사용 가능	• 경매개시결정 기입등기 전까지 상기 요건을 구비할 경우 효력발생 • 일정범위의 보증금 중 일정액을 타 담보권자나 일반채권자보다 우선 배당
배당 요구권 및 시기	없음	배당요구종기일 이전까지 배당요구	배당요구종기일 이전까지 배당요구
기타	주택의 인도와 주민등록의 전입신고 등 대항력 요건은 배당요구종기까지 계속 구비하고 있어야 하며 도중에 인도하거나 주민등록을 이전한 사실이 밝혀지면 우선변제권을 상실하여 배당에서 제외되나 임차권등기 완료 시에는 퇴거해도 우선변제권이 유지됨		

2 확정일자

확정일자란 그 날짜에 임대차계약서가 존재한다는 사실을 증명하기 위해서 계약서에 공신력 있는 기관(등기소·공증기관·동사무소 등)에서 계약서에 확인도장을 찍어주는 것을 의미합니다.

임대차계약을 체결하고 주민등록 및 입주(대항력)를 한 후 주택임대차계약서상에 확정일자를 받아두면 우선변제권을 취득하게 됩니다. 앞서 설명한 것과 같이 우선변제권을 취득하면 경매로 인하여 임차권이 소멸되고 낙찰자에 대하여 대항할 수 없게 되더라도, 후순위권리자나 일반채권자에 우선하여 보증금을 배당받을 수 있습니다.

확정일자를 받는 방법은 아래와 같습니다.

① 주택임대차계약서를 지참하고 가까운 등기소에 가는 방법

② 임차주택 소재지의 읍사무소, 면사무소, 동 주민센터 또는 시 · 군 · 구의 출장소 방문

③ 온라인상으로는 대한민국 법원 인터넷 등기소(http://www.iros.go.kr)

주의할 점은 확정일자를 받을 계약서는 반드시 원본이어야 하고, 계약서를 분실하여 확정일자를 받은 사실을 증명하기 어렵게 되는 경우에는 우선변

사례로 알아보는 전세 계약

확정일자, 왜 중요할까?

상황

세입자가 서울의 한 다세대주택에 전세로 입주하면서 집주인(임대인)과 전세계약을 체결하였습니다. 그는 계약 직후 전입신고를 하고 주택에 실제로 거주함으로써 대항력을 확보했습니다. 하지만 바쁜 일정 탓에 확정일자를 받는 것을 미루었고, 이후 잊어버린 채 지내게 되었습니다.

그런데 얼마 지나지 않아 해당 주택에 설정된 근저당권이 문제가 되어 경매가 진행되었고, 세입자는 자신의 전세보증금을 전혀 돌려받지 못하는 상황에 처하게 되었습니다. 그는 전입신고로 대항력을 가지고 있었지만, 확정일자가 없었기 때문에 '우선변제권'이 인정되지 않아 경매 배당에서 후순위로 밀리게 되었던 것입니다. 결국, 경매 배당금은 선순위 채권자에게 먼저 돌아갔고, 세입자의 보증금은 회수되지 않았습니다.

예방방안

전세계약을 체결한 후 대항력과 우선변제권을 확보하는 것은 세입자(임차인)의 권리를 보호하기 위한 중요한 절차입니다. 대항력이란 세입자가 전입신고를 하고 주택에 실제 거주함으로써, 제3자에게도 임대차 계약의 효력을 주장할 수 있는 권리를 말합니다. 이를 통해 집의 소유자가 나중에 바뀌더라도 기존의 임대차 계약이 그대로 유지됨을 주장할 수 있습니다. 그러나 대항력만으로는 경매 등으로 집이 처분될 경우 보증금을 후순위권리자들보다 우선적으로 돌려받을 수 있는 권리인 '우선변제권'은 확보되지 않습니다. 따라서 전입신고 외에도 확정일자를 받아야만 우선변제권이 생기며, 이를 통해 경매 시 후순위 채권자보다 먼저 보증금을 변제받을 수 있습니다.

기사로 알아보는 전세 계약

'확정일자 오류'에 보증금 1억 2천 날릴 뻔…피해자만 발 동동

전세 확정일자란 전세 계약서에 임대차 관계가 존재한다는 것을 법적으로 증명하는 것입니다. 계약서에 확정일자를 받으면 임차인의 권리를 보호받을 수 있습니다. 평소에는 확정일자가 영향을 주지 못하지만, 전세 계약을 한 집이 경매에 넘어갈 경우에는 이 확정일자가 중요해집니다. 먼저, '우선변제권'을 가지려면 '전입신고'를 통해 확보한 대항력과 법적 증명인 확정일자가 필요합니다. 이렇게 두 가지를 갖춰 우선변제권을 가지면, 다른 후순위 권리자들보다 먼저 보증금을 변제받을 수 있습니다. … (중략) …

그런데 김 씨는 2021년 11월, 전세 계약을 마치자마자 주민센터로 향해 제대로 된 '확정일자'를 받았습니다. 취재진이 확인한 김 씨의 주택임대차 신고필증 서류에도 제대로 된 주소가 나와 있었습니다. 그런데 법원 등기소에만 전혀 다른 주소가 입력되어 있던 겁니다. 김 씨의 주소는 '서울 관악구 신림동 OOO6-OO'인데, 확정일자가 부여된 주소는 'OOO9-OO'로 한 글자가 달랐습니다. 어디서 생긴 오류인지도 모를 이 글자 하나 때문에 김 씨는 1억 2천만 원 상당의 전세 자금을 고스란히 잃을 상황에 놓이게 됐습니다.

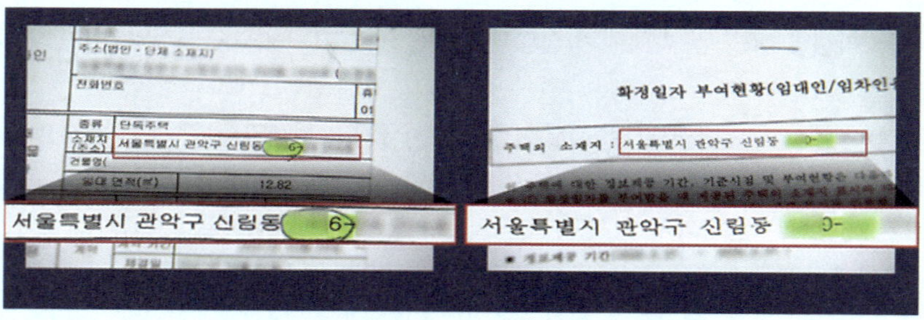

출처: KBS, 2025.06.05.

제권을 행사할 수 없게 될 수 있으므로 계약서를 잘 보관해야 합니다.

확정일자에 의한 우선변제권 또는 최우선변제 세입자(임차인)는 임차주택의 경매절차 진행 중 법원에서 정해주는 배당요구종기일 이전에 법원에 대하여 권리신고를 통한 배당요구서를 제출하여 우선변제를 요구할 수 있습니다.

3 임차권등기명령제도

「주택임대차보호법」은 주택의 인도(점유)와 주민등록(전입신고)을 대항력의 취득 및 유지요건으로 하고 있기 때문에 세입자(임차인)가 계약이 종료되었음에도 보증금을 돌려받지 못하고 이사를 가게 되면 취득하였던 대항력 및 우선변제권이 상실되므로 보증금을 돌려받기 어려워지게 됩니다.

임차권등기명령제도는 이러한 문제를 해결하기 위한 제도로 법원의 직권으로 등기를 마치면 세입자가 대항력 및 우선변제권을 유지하면서 해당 주택*에서 자유롭게 이사할 수 있게 한 제도입니다.

1) 임차권등기명령제도의 개념

임차권등기명령제도는 전세계약이 종료된 후 집주인(임대인)이 보증금을 반환하지 않는 경우, 세입자(임차인)가 법원에 신청하여 자신의 임차권을 단독으로 등기할 수 있도록 한 제도입니다. 이 제도는 세입자가 개인적인 사정으로 이사를 먼저 해야 하는 상황에서도 대항력과 우선변제권을 유지할 수 있도록 마련하여 세입자의 권리를 실질적으로 보호하는 장치입니다.

임대차계약이 종료된 후 보증금이 반환되지 않은 경우** 세입자는 해당 주택의 소재지를 관할하는 지방법원·지방법원지원 또는 시·군 법원에 임차권등기명령을 신청할 수 있습니다. 이 제도는 계약기간이 종료된 경우뿐만 아니라, 임차인의 해지통고로 계약이 종료되었거나 당사자 간의 합의에 따라 계약이 해지된 경우에도 신청이 가능합니다. 다만, 임대차계약이 종료된 이후에만 신청할 수 있습니다.

임차권등기명령을 신청하려면 소재지 관할법원에 임차권등기명령신청서를 제출해야 합니다. 세입자는 임차권등기명령의 신청과 그에 따른 임차권등

* 임차주택은 원칙적으로 등기된 경우에만 임차권등기명령을 신청할 수 있다. 따라서 임차주택이 무허가건물인 경우에는 임차권등기명령을 신청할 수 없습니다.

** 임차보증금을 돌려받지 못한 경우란 임차보증금의 전액을 돌려받지 못한 경우는 물론, 일부라도 돌려받지 못한 경우도 포함됩니다('임차권등기명령 절차에 관한 규칙' 제2조 제1항 제5호).

기와 관련하여 든 비용을 집주인에게 청구할 수 있습니다. 임차권등기명령신청서에는 당사자 및 법정대리인의 표시, 신청의 취지 및 이유, 임차권등기의 원인이 된 사실 등을 기재하여야 하며, 첨부서류로는 임대차의 목적인 임차주택을 특정할 수 있는 자료를 비롯하여 확정일자부 임대차계약서, 주민등록등본, 세입자의 거주사실확인서 등이 있고 임대차의 목적이 주택의 일부인 경우에는 그 도면도 제출하여야 합니다.

2) 임차권등기의 효과

임차권등기의 효과는 세입자(임차인)가 대항력의 요건인 주택의 인도(점유)를 하지 않더라도 대항력이 유지되며, 확정일자를 부여받았다면 우선변제권도 함께 유지되는 것을 의미합니다. 즉 세입자가 이사를 간다고 하더라도 임차권등기를 완료한 이후라면 대항요건을 상실하여도 이미 취득한 대항력이나 우선변제권을 상실하지 않게 되는 것입니다.

임차권등기 시 주의할 점으로는 임차권등기명령신청을 한 상태로 이사를

기사로 알아보는 전세 계약

"집 비우면 끝…대법 "등기해도 임차권 대항력 못 살아난다""

등기 이전에 C씨가 주택을 비웠다는 사실에도 불구하고, 2심도 1심과 같은 결론을 내렸습니다. 임차권등기가 경매 개시 결정보다 먼저 이루어진 이상, 설령 점유가 등기 전 상실되었더라도 등기를 통해 대항력이 유지된다고 보았습니다. 2심 재판부는 "임차권등기명령신청 이후 임차권등기까지 일정한 시차가 발생하는 것은 관할 법원의 업무 사정상 불가피한 현실"이라며 "임차권등기는 임차보증금과 계약일자, 전입일자, 점유일자 등이 공시되는 장치이므로, 대항력은 여전히 유지된다"고 설명했습니다.

하지만 대법원 판단은 달랐습니다. 이전 세입자인 C씨가 주택에서 이사를 나가면서 점유를 상실함으로써 기존에 갖고 있던 대항력은 그 시점에 소멸했고, 임차권등기가 마쳐졌다고 해도 이는 새로운 대항력이 발생하는 것에 불과하다고 판결했습니다.

출처: 한경LAW&BIZ, 2025.05.11.

하는 것이 아닌 임차권등기가 등기부에 기입된 이후에 이사를 가야 합니다. 그렇지 않으면 대항력 요건인 주택의 인도(점유)를 상실하게 되어 대항력을 잃을 수 있습니다.

CHAPTER 5

부동산 등기사항전부증명서와 건축물대장

학습목표

01 | 부동산 등기사항전부증명서(이하 등기부)의 구성과 표제부, 갑구, 을구 내용을 이해하고 설명할 수 있습니다.

02 | 등기부에 기재된 다양한 등기 유형(소유권보존등기, 가등기, 가압류 등)의 의미와 효력을 이해할 수 있습니다.

03 | 건축물대장의 정의와 위반건축물 여부를 확인하는 방법을 이해할 수 있습니다.

"겉으로 멀쩡한 집인데, 속사정은 어떨까요?"

안전하게 계약할 수 있는 집인지 서류를 통해 확인해 볼 수 있습니다. 전세사기를 피하려면 주택의 겉모습보다 등기부와 건축물대장을 먼저 보아야 합니다. 이번 단원에서는 등기부를 통해 소유자와 권리관계를 확인하는 방법, 그리고 건축물대장을 통해 위반건축물 여부를 파악하는 방법을 배워봅니다.

1 등기부

부동산 등기부는 등기관이 부동산의 현재 상태와 권리관계를 공식적인 장부인 등기부에 기록하는 것이며, 이러한 기록 자체를 등기라고 합니다. 등기부의 내용은 일반적으로 부동산 대장의 내용과 일치해야 하는 것이 원칙입니다. 하지만 두 내용이 일치하지 않을 때는 부동산의 물리적인 상황(위치, 형태

대법원 인터넷등기소

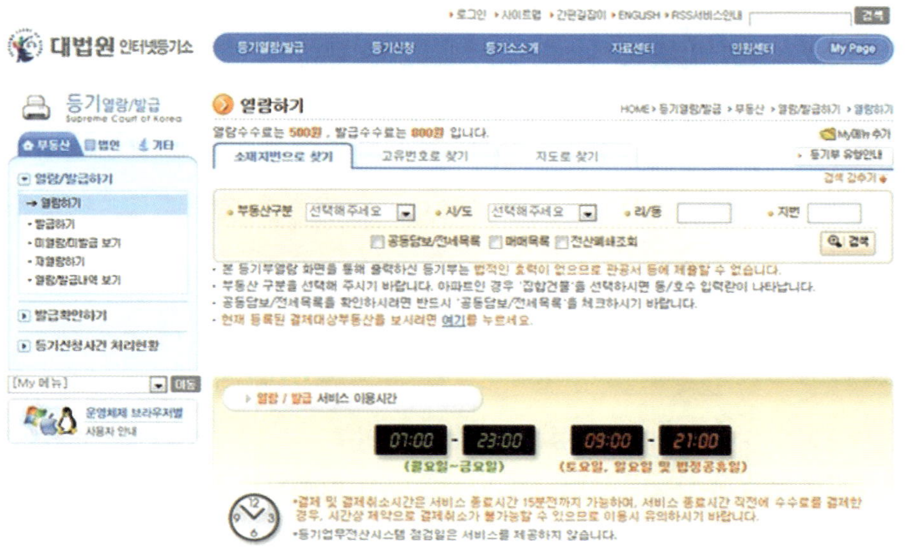

등)은 대장의 내용을 우선하며, 등기부는 이를 따르게 됩니다. 반면 권리 자체의 변동사항은 등기부의 내용을 우선하고, 대장은 이를 따르게 됩니다.

등기부는 주택이나 토지와 같은 모든 부동산의 권리관계를 기록한 공식적인 장부입니다. 부동산은 겉으로 봐서는 누가 실제로 점유하고 있는지 또는 누가 소유자인지 정확히 알기 어렵습니다. 이러한 문제를 해결하기 위해 등기부에는 해당 부동산의 표시(지번, 지목, 구조, 면적 등)와 그 부동산에 대한 권리관계를 함께 기록하여 일반 사람들이 쉽게 확인할 수 있도록 합니다.

이렇게 부동산의 표시와 권리관계를 등기부에 공식적으로 기록하여 모든 사람에게 알리는 것을 부동산등기제도라고 합니다. 따라서 부동산 거래나 임대차계약 등을 하고자 할 때에는 반드시 등기부를 열람하거나 등기부를 발급받아 해당 부동산의 정확한 정보와 권리관계를 확인해야 합니다.

현재 부동산등기부는 전산정보처리 시스템을 통해 관리되고 있습니다. 대법원 인터넷등기소(www.iros.go.kr)를 이용하면 언제 어디서나 365일 24시간 부동산의 등기기록을 열람할 수 있고, 최초 열람 후 1시간 이내에는 다시 열람하는 것도 가능합니다. 등기부는 두 가지 형태로 발급받을 수 있습니다. 등기사항전부증명서 형태로 발급받으면 등기부에 기록된 모든 내용을 볼 수 있습니다. 반면, 등기사항일부증명서 형태로 발급받으면 특정인의 지분이나 현재 소유 현황, 지분의 취득 이력과 같은 일부 사항만을 볼 수 있습니다.

이러한 등기부는 누구나 일정한 수수료만 지불하면 인터넷등기소 또는 무인발급기를 통해 발급받을 수 있습니다.

2 등기부의 구성

부동산 등기부는 토지 등기부, 건물 등기부, 그리고 집합건물 등기부로 나누어져 있습니다. 단독주택처럼 토지와 건물이 함께 거래되는 경우에는 토지 등기부와 건물 등기부를 각각 별도로 확인해야 합니다. 하지만 아파트나 연립주택 같은 공동주택은 집합건물 등기부 하나에 토지와 건물에 관한 정보가 함께 기록되어 있습니다. 등기부는 다음과 같은 세 가지 부분으로 구성됩니다. 단, 을구에 기록될 사항이 전혀 없거나, 과거에 기록된 사항들이 모두 처리되어 현재 남아 있는 것이 없으면 을구는 생략될 수도 있습니다.

① 표제부 : 부동산의 표시와 외관 등 기본적인 정보를 나타냅니다.
② 갑구 : 부동산 소유권과 관련된 사항을 기록합니다.
③ 을구 : 소유권 외의 권리(예: 저당권, 전세권, 지상권 등)를 기록합니다.

1) 표제부

표제부는 표시란과 표시번호란으로 나누어져 있습니다. 표시란에는 부동산의 정확한 위치와 그 변경사항이 기록되어 있고, 표시번호란에는 이러한 기록이 등기부에 등기된 순서대로 번호가 기재되어 있습니다.

토지등기부의 표제부는 최초 등기 날짜와 토지의 주소(소재지번), 지목(토지의 용도), 면적, 등기의 원인, 기타 중요한 사항을 기록합니다. 토지의 면적은

등기사항전부증명서_표제부

등기사항전부증명서(말소사항 포함) - 건물

[건물] 충청남도 천안시 동남구

【표제부】 (건물의 표시)				
표시번호	접수	소재지번 및 건물번호	건물내역	등기원인 및 기타사항
1	2012년 7월 13일	충청남도 천안시 동남구	철근콘크리트구조 슬래브지붕 4층 단독주택 1층 19.2m² 2층 205.9m² 3층 205.9m² 4층 205.9m²	

보통 제곱미터(m²)로 표시되는데, 이를 평수로 환산하려면 3.305785m²로 나누면 됩니다(1평=3.305785m², 1m²=0.3025평).

건물등기부의 표제부 역시 최초 등기 날짜와 건물의 주소(소재지번), 건물 명칭, 구조, 용도, 면적, 등기원인과 기타사항을 기록합니다.

2) 갑구

갑구는 부동산의 소유권과 관련된 모든 권리 관계를 기록하는 곳입니다. 따라서 해당 부동산의 과거부터 현재까지 집주인(임대인)이 어떻게 바뀌었는지 모두 기록됩니다. 가장 마지막에 등기된 사람이 현재의 집주인이자 소유자입니다.

갑구는 순위번호란과 사항란으로 나누어져 있습니다. 사항란에는 소유권과 관련된 구체적인 내용이 기록되고, 순위번호란은 이 사항들이 기록된 순서를 나타냅니다. 소유권에 관한 압류나 가등기, 경매 개시 결정, 소유권의 말소 또는 회복에 관한 재판 중임을 나타내는 예고등기, 소유자가 임의로 처분하지 못하도록 금지하는 가처분 등기 등은 모두 갑구에 기록됩니다. 또한 이런 권리 관계가 변경되거나 소멸된 내용도 갑구에 함께 기록됩니다.

2006년 6월부터는 실제 거래된 부동산 매매 가격이 갑구의 권리자 및 기타사항란에 기재되고 있습니다. 갑구에는 부동산 소유자의 권리 행사에 영향

등기사항전부증명서_갑구

【 갑 구 】 (소유권에 관한 사항)				
순위번호	등기목적	접수	등기원인	권리자 및 기타사항
1	소유권보존	2012년 7월 13일 제69716호	2012년 7월 13일 추가설정계약	소유자
2	소유권이전	2012년 11월 7일 제110594호	2012년 10월 8일 매매	공유자

을 줄 수 있는 등기들이 기록되어 있으므로, 부동산을 거래할 때는 다음 사항을 반드시 확인해야 합니다.

소유권에 대한 압류나 가압류, 경매 개시 결정 등 처분 제한 등기가 있는지 꼼꼼히 봐야 합니다. 채권자가 채무자인 집주인의 재산을 압류하거나 가압류한 경우, 집주인이 빚을 갚지 못하면 해당 부동산은 경매로 넘어갈 수 있기 때문입니다.

더 알아보기

등기부의 갑구에는 소유권에 대한 제한 권리사항이 기재되어 있으며, 전세계약을 진행하기 전에 해당 부분을 반드시 확인해야 합니다.

1. 가처분

가처분은 부동산의 매매 등으로 상황이 바뀌면 당사자가 권리를 실행하지 못하거나 이를 실행하는 것이 매우 곤란해질 염려가 있을 경우 법원의 결정으로 상대방에게 어떠한 행위를 하거나 하지 못하게 명하는 민사집행절차를 말합니다.

2. 가등기

가등기는 소유권 등의 설정, 이전, 변경, 소멸의 청구권을 보전하기 위해 예비로 하는 등기를 말합니다.

본등기는 가등기에 대응되는 개념으로, 가등기를 한 후 그에 기한 본등기를 하면 본등기의 순위는 가등기의 순위로 소급됩니다.

3. 경매개시결정

경매신청의 요건이 갖춰지면 법원은 경매 절차를 개시한다는 결정을 하는데, 이를 경매개시결정이라 합니다.
경매개시결정을 하면 동시에 그 부동산에 대한 압류가 명해집니다.

4. 압류

압류는 소유자의 대출 미상환, 세금 체납 등으로 인해 소유자의 재산에 설정되는 등기로, 압류된 재산은 소유자가 처분하지 못합니다. 일반적으로 강제집행(경매 등)에 들어가기 전 단계 조치로 행해집니다.
압류등기가 설정된 집을 계약하는 경우 세입자(임차인)는 보증금을 반환받지 못할 가능성이 큽니다.

5. 가압류

가압류는 금전채권이나 금전으로 환산할 수 있는 채권에 대하여 동산 또는 부동산에 대한 강제집행을 보전하기 위한 민사집행절차를 말합니다.
가압류를 설정한 사람이 자신의 채권을 변제받기 위해 해당 부동산의 경매를 청구할 수 있으므로 가압류가 설정된 부동산을 매매한 경우 매수인은 장래에 소유권을 잃을 위험이 있습니다.

3) 을구

을구는 부동산 소유권 이외의 권리인 저당권, 전세권, 지상권, 지역권, 임차권 등을 기록하는 곳입니다. 이러한 권리들의 변경이나 이전, 말소에 관한 사항도 을구에 기록됩니다. 을구를 확인할 때 특히 주의해야 할 사항은 다음과 같습니다.

첫째, (근)저당권이 설정되어 있는지 반드시 확인해야 합니다. 담보물권(저당권이나 근저당권)은 경매로 넘어가는 주요 원인이 될 수 있으므로 각별한

등기사항전부증명서_을구

【 을 구 】 (소유권 이외의 권리에 관한 사항)				
순위번호	등 기 목 적	접 수	등 기 원 인	권 리 자 및 기 타 사 항
1	근저당권설정	2012년 7월 13일 제69718호	2012년 7월 13일 추가설정계약	채권최고액
1-1	1번근저당권변경	2012년 11월 7일 제110595호	2012년 11월 7일 계약인수	
1-2	1번근저당권변경	2015년 4월 3일 제39599호	2015년 4월 3일 계약인수	
2	전세권설정	2013년 5월 2일 제42242호	2013년 5월 1일 설정계약	전세금 금53,000,000원

주의가 필요합니다. 등기부 을구에 기록된 근저당권의 채권최고액은 실제로 채무자가 진 빚이 아니라 앞으로 지게 될 최대 금액을 의미하며, 실제 채무액은 보통 채권최고액의 80~90% 수준인 것이 일반적입니다. 만약 채무자인 집주인이 (근)저당권의 빚을 갚지 못하면 해당 부동산은 경매로 넘어갈 위험이 있습니다.

둘째, 말소되지 않은 전세권, 지상권, 지역권 등 용익물권이 설정되었는지 확인해야 합니다. 이러한 권리들은 저당권과는 달리 부동산의 일부에도 설정할 수 있습니다.

등기부의 구성

구분	공시내용	등기내용
표제부	부동산의 표시	• 토지: 접수일자, 소재지, 지목, 면적, 분할, 합병사항 • 건물: 접수일자, 소재지, 구조, 용도, 면적, 분할, 구분, 합병사항
갑구	소유권	• 소유권에 관한 등기 • 실거래가에 관한 등기(권리자 및 기타사항란) • 가등기, 가압류, 가처분, 압류, 경매, 예고등기, 파산, 화해 등에 관한 등기
을구	소유권 이외의 권리	• 지상권 · 지역권 · 전세권 · 저당권 · 임차권 등 등기

ㅣ 더 알아보기

을구에는 소유권 이외의 권리인 저당권이나 전세권, 지역권, 지상권, 임차권 등의 설정, 변경, 이전, 말소에 대한 사항이 기재되어 있습니다.
임차인이 본인 보증금에 대한 선순위 변제 권리를 확인하기 위해서는 이러한 권리 유무를 반드시 확인해야 합니다.

1. 저당권

저당권은 채무자 또는 제3자가 채무의 담보로 제공한 부동산의 점유를 이전하지 않고 해당 부동산에 대해 다른 채권자보다 자기 채권의 우선 변제를 받을 권리를 말합니다.

2. 근저당권

근저당권은 계속적인 거래관계로부터 발생하는 불특정 다수의 채권을 장래의 결산기에 일정한 한도액까지 담보하기 위해 설정하는 저당권을 말합니다.

3. 전세권

전세권이란 전세권자가 전세금을 지급하고 타인의 부동산을 점유하여 그 부동산의 용도에 좇아 사용 · 수익하며, 그 부동산 전부에 대하여 후순위권리자 및 그 밖의 채권자보다 전세금의 우선 변제를 받을 권리를 말합니다.
전세권이 설정된 부동산의 사용 · 수익할 권리는 전세권자에게 있으므로, 매도인과 매수인은 전세권자에게 퇴거를 요구할 수 없습니다.

4. 공동담보

공동담보는 하나의 부동산이 다른 부동산과 함께 담보로 잡혀 있는 경우를 말합니다.
공동담보가 설정된 경우, 여러 부동산이 동시에 경매로 넘어갈 수 있으며, 이에 따라 전세보증금을 회수하는 데 어려움을 겪을 수 있습니다.
공동담보 여부를 확인하기 위해서는 공동담보목록을 선택하여 등기사항전부증명서를 발급받아야 합니다.

4) 구분건물등기

아파트, 다세대주택, 연립주택처럼 여러 세대가 한 건물 안에 모여 있는 공동주택은 일반 단독주택과 달리 구분건물등기로 관리됩니다. 이런 집합건물의 등기부는 표제부가 두 장으로 구성되어 있습니다.

첫 번째 표제부는 건물 전체(1동)에 대한 정보를 담고 있고, 두 번째 표제부는 각 세대별 개별 건물(전유부분)에 대한 정보를 담고 있습니다. 구분된 각

구분건물등기_집합건물 등기부의 표제부

등기사항전부증명서(현재 유효사항)
- 집합건물 -

고유번호 1501-2004-007448

[집합건물] 충청북도 청주시 서원구 모충동 520-40 일신베네스트아파트 제101동

【 표 제 부 】 (1동의 건물의 표시)				
표시번호	접수	소재지번,건물명칭 및 번호	건물내역	등기원인 및 기타사항
3		충청북도 청주시 서원구 모충동 520-40 일신베네스트아과트 제101동 [도로명주소] 충청북도 청주시 서원구 모충로68번길 26	철근콘크리트구조 (철근)콘크리트지붕 11층 공동주택(아파트) 지층2 900.1832㎡ 지층1 1909.1586㎡ 1층 616.8413㎡ 2층 892.1940㎡ 3층 892.1940㎡ 4층 885.9624㎡ 5층 850.0644㎡ 6층 819.1164㎡ 7층 794.4000㎡ 8층 794.4000㎡ 9 층 781.9368㎡ 10층 670.1880㎡ 11층 346.4976㎡	2014년 7월 1일 행정구역명칭변경으로 인하여 2014년 7월 1일 등기

(대지권의 목적인 토지의 표시)				
표시번호	소재지번	지 목	면 적	등기원인 및 기타사항
~~1~~	~~1. 충청북도 청주시 흥덕구 모충동 520-40~~	~~대~~	~~2937m²~~	~~2004년 11월 5일~~
2	1. 충청북도 청주시 서원구 모충동 520-40	대	2937m²	2014년 6월 30일 1토지 행정구역명칭변경 2019년 8월 12일

【 표 제 부 】 (전유부분의 건물의 표시)				
표시번호	접수	건물 번호	건물내역	등기원인 및 기타사항
1	2004년 11월 5일	제10층 제1005호	철근콘크리트구조 30.9480㎡	도면편철장4책884장

세대에는 표제부, 갑구, 을구가 각각 따로 마련되어 있으며, 이를 통해 각 세대별 소유권이나 저당권과 같은 권리관계를 개별적으로 확인할 수 있습니다.

1동 전체 건물의 표제부에는 표시번호란, 접수란, 소재지번, 건물명칭 및 번호란, 건물내역란, 등기원인 및 기타사항란 항목들이 기록됩니다.

또한 구분된 세대 중 대지권이 있는 세대가 있을 경우, 1동 전체 건물의 표제부에는 그 대지권이 속한 토지에 대한 내용도 함께 기재됩니다. 이때 토지의 등기에는 표시번호란, 소재지번란, 지목란, 면적란, 등기원인 및 기타사항 항목들이 기록됩니다.

이처럼 집합건물의 등기부는 하나의 건물 안에서도 세대별로 소유와 권리가 어떻게 구분되어 있는지를 정확하게 보여주는 자료입니다. 따라서 공동주택을 거래하거나 전세계약을 할 경우, 반드시 해당 세대의 등기부를 꼼꼼히 확인해야 합니다.

3 등기부의 효력

부동산에 대한 소유권이나 저당권과 같은 권리는 단순한 구두 약속이나 계약만으로는 효력이 발생하지 않습니다. 법적인 효력은 등기를 통해서만 발생합니다. 다시 말해, 부동산에 대한 권리를 제대로 가지려면 반드시 등기부에 그 권리를 등기해야만 하는 것입니다.

하나의 부동산에 여러 권리가 등기될 수 있기 때문에, 이 권리들 사이의 우선순위도 매우 중요합니다. 법률에 특별한 규정이 없는 한, 등기를 먼저 한 순서대로 우선권이 정해집니다. 즉, 먼저 등기된 권리가 나중에 등기된 권리보다 우선하게 되는 것이 일반적인 원칙입니다.

등기부에는 권리가 등기된 순서에 따라 순위번호가 붙습니다. 이 순위번호는 갑구(소유권 관련)나 을구(소유권 외 권리 관련) 각각에서 정해지며 같은 구 내에서는 이 순위번호를 통해 권리의 우선순위를 확인할 수 있습니다.

| 더 알아보기

선순위란 어떤 권리나 지위가 다른 권리보다 앞서는 차례를 말합니다. 부동산 계약에서는 이 개념이 매우 중요합니다. 특히 선순위 세입자(임차인)란 다른 권리자보다 먼저 임대차에 대한 권리를 인정받는 세입자를 의미합니다. 선순위 세입자는 보통 근저당권이 설정되기 전에 임대차 계약을 체결하고, 전입신고와 주택 점유 요건을 모두 갖춘 세입자를 말합니다.
즉, 대항력을 가진 세입자로, 다른 권리자보다 우선하여 권리를 보호받을 수 있습니다. 선순위와 후순위의 구분은 등기부에 기재된 '말소기준권리'의 접수일자를 기준으로 이루어집니다.
말소기준권리*란 등기부의 을구에서 저당권, 근저당권, 압류, 가압류, 담보가등기, 경매기입등기 등 가장 먼저 등기된 권리 중 하나를 말합니다. 임차인의 대항력이 말소기준권리보다 먼저 발생한 경우 그 세입자는 선순위 세입자로 간주되어 우선 보호를 받습니다. 반대로, 말소기준권리보다 나중에 대항력이 발생한 임차인은 후순위 세입자로 분류되며, 보증금 보호에 불리해지게 됩니다.

단, 가등기가 되어 있는 경우에는 조금 다릅니다. 가등기는 말 그대로 나중에 하게 될 본등기의 순서를 미리 확보해 두는 등기입니다. 가등기를 먼저 해두고 나중에 본등기를 하면, 해당 본등기는 실제 등기한 날짜가 아니라 가등기를 한 날짜부터 효력이 있는 것으로 인정됩니다. 이런 것을 '순위보전의 효력'이라고 합니다.

또한 등기부의 갑구에 기재된 등기와 을구에 기재된 등기 사이에서는 접수일자와 접수번호를 기준으로 어떤 권리가 먼저인지, 즉 우선순위가 결정됩니다.

* 말소기준권리: 등기부의 을구에서 저당권, 근저당권, 압류, 가압류, 담보가등기, 경매기입등기 등 가장 먼저 등기된 권리 중 하나

4 등기부의 공신력

등기부에는 부동산의 소유자나 권리관계가 기록되어 있습니다. 그런데 만약 등기부에 적힌 내용이 실제 사실과 다르다면 어떨까요?

등기의 공신력이란, 등기부에 기록된 내용이 진짜 사실이 아닐지라도, 그 내용을 믿고 부동산을 산 사람이 있다면 그 사람의 권리를 보호해 주는 것을 말합니다. 즉, "나는 등기부에 적힌 걸 믿고 샀는데요?"라고 말하는 사람을 보호해 주는 법적인 힘을 뜻합니다.

그런데 우리나라 민법은 이런 공신력을 인정하지 않습니다. 등기부에 적혀있다고 해서 그걸 무조건 믿고 거래한 사람이 항상 보호받는 건 아니라는 뜻입니다. 그 이유는 등기 내용과 실제 권리관계가 다를 수 있기 때문입니다. 예를 들어 등기부에는 A가 집주인이라고 되어 있는데 실제로는 B가 진짜 주인인 경우, 이럴 때 공신력이 인정되면 A를 믿고 산 사람은 보호받지만 B는 피해를 보게 됩니다.

그래서 우리나라는 진짜 권리를 가진 사람의 이익을 더 중요하게 보고, 공신력을 인정하지 않습니다. 대신 거래 과정에서 피해를 막기 위해 **권원보험*** 같은 제도를 통해 보완하고 있습니다.

5 등기부의 종류

부동산을 소유하거나 소유권을 다른 사람에게 넘기는 경우에는 반드시 등기를 통해 그 사실을 공적으로 등록해야 합니다. 이때 사용하는 대표적인 등기에는 소유권보존등기와 소유권이전등기가 있습니다.

* 권원보험: 부동산 매매 과정에서 해당 부동산의 소유권을 증명하고 보증하는 보험

1) 소유권보존등기

소유권보존등기는 미등기된 부동산(토지, 건물, 구분건물)에 대해 소유자가 처음으로 신청하여 행하는 소유권등기를 말합니다. 즉, 건물 소유자가 미등기된 건물에 대해 처음으로 신청하는 경우를 건물 소유권보존등기라고 하며, 토지 소유자가 미등기된 토지에 대해 처음으로 신청하는 경우를 토지 소유권보존등기라고 합니다. 소유권보존등기는 해당 부동산이 법적으로 등록되는 가장 첫 번째 단계로 소유권보존등기를 통해 비로소 부동산에 대한 소유권이 등기부에 나타나게 됩니다.

2) 소유권이전등기

소유권이전등기는 이미 등기된 부동산의 소유권이 다른 사람에게 이전되었을 때 그 사실을 등기하는 절차를 말합니다. 소유권이 이전되는 원인은 두 가지로 나뉘며, 법률행위에 의한 경우와 법률규정에 의한 경우가 있습니다. 법률행위에 의한 소유권이전에는 다음과 같은 원인이 있습니다. 매매, 증여, 사인증여, 재산분할, 양도담보, 교환, 계약의 해제, 현물출자, 대물변제 등이 이에 포함됩니다.

법률규정에 의한 소유권이전에는 다음과 같은 경우가 해당됩니다. 토지 등의 수용, 유동화자산의 양도 등의 설정, 상속, 판결, 경매 등이 이에 포함됩니다.

매매에 의한 소유권이전등기는 매매라는 행위로 인해 소유권이 이전된 경우, 그 사실을 공시하기 위해 신청하는 등기입니다. 매수인이 소유권이전등기청구권을 10년 동안 행사하지 않으면, 소멸시효*가 완성됩니다.

증여에 의한 소유권이전등기는 부동산증여계약을 통해 소유권이 이전된 경우 해당 사실을 등기하는 것입니다. 증여는 한쪽이 무상으로 재산을 준다는

* 소멸시효: 권리자가 재산권을 행사를 할 수 있음에도 불구하고 일정기간 동안 권리를 행사하지 않는 경우 그 권리가 실효되게 하는 제도

의사를 표시하고, 상대방이 이를 받아들이는 것으로 효력이 발생하는 계약입니다.

상속에 의한 소유권이전등기는 사람이 사망하여 소유권이 이전된 경우에 이루어지는 등기입니다. 상속은 사망한 사람의 재산상 권리가 상속인에게 포괄적으로 승계되는 것을 말합니다.

3) 가등기 · 가처분 · 가압류

① 가등기

가등기는 소유권이나 그 밖의 권리를 설정, 이전, 변경, 또는 소멸시키기 위한 청구권을 보전하기 위해 예비로 해두는 등기를 말합니다. 등기는 본등기와 연결되어 있으며 나중에 본등기를 할 경우 그 본등기의 순위가 가등기한 시점으로 소급됩니다. 즉, 부동산에 대해 가등기를 먼저 해두면 가등기 이후에 이뤄진 매매계약으로 소유권을 얻은 사람은 가등기한 사람보다 뒤에 등기한 것으로 간주됩니다. 이처럼 가등기는 앞으로 본등기를 할 수 있는 우선순위를 확보해 두는 기능을 하며, 이를 "순위보전의 효력"이라고 합니다.

② 가처분

가처분은 부동산의 매매나 소유권 이전 등으로 현상이 바뀌면, 권리자가 권리를 제대로 행사할 수 없게 될 우려가 있는 경우 법원이 상대방에게 특정 행위를 하거나 하지 말라고 명령하는 제도입니다. 예를 들어, 부동산처분금지 가처분이 등기되었을 때, 그 가처분이 법원에서 취소되어 말소되기 전까지는 그 이후에 부동산을 산 사람도 기존 가처분의 영향을 받습니다. 따라서 가처분은 등기가 유효한 동안에는 그 효력이 계속 유지되며, 효력을 없애기 위해서는 법원의 취소판결에 따라 가처분등기를 말소해야 합니다.

③ 가압류

가압류는 금전채권이나 금전으로 환산할 수 있는 채권에 대해 강제집행을 하기 전에, 부동산 등을 미리 묶어 두는 절차입니다. 이는 법원의 민사집행

기사로 알아보는 전세 계약

가등기란

가등기는 부동산 거래에서 소유권에 대한 미래의 권리를 미리 예약해두는 장치입니다. 병원에서 진료를 받기 전에 미리 예약을 하면 도착했을 때 다른 사람보다 먼저 진료를 받을 수 있는 것처럼 가등기를 해두면 앞으로 내 것이 될 권리를 남들보다 먼저 보장받을 수 있습니다.

예를 들어 홍길동이 김선달에게 "6개월 후에 이 집을 팔겠다"라고 약속하고 계약금을 받았지만 아직 잔금을 다 받지 않아 소유권 이전 등기를 해줄 수 없는 상황이라고 가정해 봅시다.

이때 김선달이 가등기를 설정해 두면 6개월 후 약속대로 소유권을 이전받을 권리가 보장됩니다. 만약 그 사이 홍길동이 이철수에게 소유권을 넘겼다 하더라도 김선달이 본등기를 마치면 이철수는 부동산 소유권을 상실하게 됩니다.

이는 가등기의 핵심 효력 중 하나인 '순위 보전의 효력'에 따른 결과입니다. 즉 가등기는 미래의 소유권 변동에 대한 우선권을 미리 확보하는 역할을 하며 이후 본등기가 이뤄지면 그 효력이 가등기를 설정한 시점으로 소급 적용돼 후순위 권리보다 우선하게 됩니다.

예시

순위번호	등기목적	등기원인	권리자
1	소유권보존		홍길동
2	소유권이전 청구권가등기	매매예약	김선달
3	소유권이전	매매	이철수

⇨

순위번호	등기목적	등기원인	권리자
1	소유권보존		홍길동
2	소유권이전 청구권가등기	매매예약	김선달
	소유권이전	매매	김선달
3	~~소유권이전~~	~~매매~~	~~이철수~~
4	본등기실행	매매	김선달

출처: 인천뉴스, 2025.04.30

절차로 진행됩니다. 가압류를 설정한 채권자는 그 부동산이 팔리기 전에 우선권을 확보하기 위해 확정판결이 난 뒤에 경매를 청구할 수 있습니다. 따라서 가압류가 설정된 부동산을 나중에 산 사람은 경매가 진행될 경우 소유권을 잃을 수도 있는 위험이 있습니다.

4) 미등기

미등기는 아직 소유권보존등기가 되지 않은 건물의 상태를 말합니다. 다시 말해건축물대장에는 등록되어 있지만 법적으로 소유권이 등기부에 반영되어 있지 않은 상태를 의미합니다. 건축물대장은 건축물의 위치, 면적, 구조, 용도, 소유자 등에 대한 정보를 등록한 공적 장부로, 해당 건물이 적법하게 건축되었는지를 확인할 수 있는 자료로 활용되지만 소유권을 공시하는 효력이 없으며, 소유권의 법적 효과는 반드시 등기부에 등기되어야만 인정됩니다.

미등기 건물은 일반적으로 건축허가나 건축신고를 마친 뒤 공사가 완료되었거나 사람들이 보기에도 완공된 것으로 보이는 상태임에도 불구하고, 사용승인을 받지 못했거나 사용승인 신청을 하지 않아 부동산등기법 제65조에서 정한 등기 요건을 충족하지 못한 경우에 해당합니다.

또한 법원이 미등기 부동산에 대해 처분을 제한하는 등기(처분제한등기)를 명령한 경우에는 등기관이 소유권보존등기를 직권으로 먼저 처리한 뒤, 그에 따라 처분제한등기의 내용을 등기부에 함께 반영해야 합니다. 따라서 이 경우 소유권보존등기는 일반적인 요건이 아니라 법원의 명령에 따라 이루어지게 됩니다.

5) 신탁등기

신탁등기는 특정한 재산권을 타인에게 맡겨 그 재산을 특정한 사람의 이익이나 목적을 위해 관리하고 처분하게 하는 법적 절차입니다. 부동산이 신탁되는 경우에는 그 신탁의 법적 효력을 확보하기 위해 반드시 신탁등기를 해야 하며, 이 등기를 통해 제3자에게도 신탁의 내용을 주장할 수 있는 효력이 생깁니다.

신탁등기에서는 수탁자가 등기권리자로 등록되며, 위탁자는 등기의무자로 표시됩니다. 즉, 수탁자가 등기를 신청하고 신탁을 관리하게 되는 구조입니다. 수탁자는 단독으로 신탁등기를 신청할 수 있으며 경우에 따라 수익자나

사례로 알아보는 전세 계약

신탁등기를 악용한 무권계약

상황

세입자(임차인)는 한 오피스텔을 전세로 계약했습니다. 등기부를 확인하였을 때 소유권이전등기 이후 진행된 신탁등기가 있었는데, 공인중개사에게 물어보니 관리를 위하여 신탁회사에 위탁하여 놓은 것이라고 했습니다. 등기부상의 소유자와 계약하는 것이라 크게 걱정하지 않았으나 이후 신탁등기가 되어 있는 부동산은 명목상 신탁회사가 소유한 부동산으로 임대차계약에 신탁회사의 동의가 필요하다는 사실을 알게 되었습니다. 게다가 임차한 주택은 담보신탁이 되어 있는 상황으로 선순위 대출이 있는 상태였습니다. 임차인은 법적 효력이 없는 무권계약 상태에 놓여 법적 보호를 받을 수 없는 상황입니다.

예방방안

세입자(임차인)들이 신탁제도를 잘 모르는 경우가 많아 발생하는 사기 유형입니다. 세입자는 보통 공인중개사를 신뢰하고 계약을 진행하지만 공인중개사의 경우도 정확하게 알지 못하거나 혹은 공인중개사가 공모하는 경우 임차인은 전세사기에 노출될 위험이 있습니다. 신탁등기가 되어 있는 경우 신탁계약의 내용을 확인할 수 있는 신탁원부를 확인해야 하며, 소유자가 신탁사라는 사실을 알고 있어야 합니다. 관련 내용을 확인하기 어렵다면 이런 주택은 전세계약 대상에서 제외하는 것도 방법일 수 있습니다.

갑구

순위번호	등기목적	접수	등기원인	권리자 및 기타사항
1	소유권이전	2021년 1월 3일 제1111호	2021년 1월 2일 매매	소유자 ○○○ ××××××-××××××× 경기도 안산시 ○○대로 거래가액(200,000,000원)
2	소유권이전	2022년 2월 3일 제22222호	2022년 2월 1일 신탁	수탁자 ○○○신탁회사 ××××××-××××××× 서울특별시 강남구 ○○대로 신탁원부 제20022-××호

위탁자도 수탁자를 대신하여 신청할 수 있습니다.

부동산이 신탁된 경우 해당 부동산과 관련된 계약은 반드시 수탁자와 체결해야 하며, 신탁회사의 동의 없이 위탁자와 계약을 체결하면 그 계약은 법적으로 무효가 됩니다. 따라서 계약의 상대방을 정확히 확인하는 것이 매우 중요하며 이를 위해서는 신탁원부를 통해 신탁의 구체적인 내용과 권리자를 확인하는 절차가 필요합니다.

6 건축물대장

1) 건축물대장의 정의

건축물대장이란 건축물과 그 대지의 현황을 기록하여 관리하는 공적 장부를 말합니다. 건축물대장에는 건축물의 위치, 면적, 구조, 용도, 층수 등 건

건축물대장

진본 2022/08/31 11:29:57 KST

문서확인번호 1687-2597-2818-0042

■ 건축물대장의 기재 및 관리 등에 관한 규칙 [별지 제3호서식] <개정 2018. 12. 4>

집합건축물대장(표제부, 갑)

고유번호	4159013100-3-08440001	정부24접수번호	20230620-96278635	명칭	원대 실리콘울리 톱탄	호수/가구수/세대수	2492호/0가구/0세대
대지위치	경기도 화성시 영천동	지번	544-1	도로명주소	경기도 화성시 동탄엉천로 150 (영천동)		
*대지면적	36,830.9m²	연면적	238,551.15m²	*지역	준주거지역	*지구		*구역	제1종지구단위계획구역
건축면적	20,615.1m²	용적률 산정용 연면적	120,785.42m²	주구조	활라본크리트구조	주용도		층수	지하: 4층, 지상: 20층
*건폐율	56.75%	*용적률	354.4%	높이	101.8m	지붕	(섭관)근라리트	부속건축물	동 m²
*조경면적	6,846.63m²	*공개 공지/공간 면적	3,027.77m²	*건축선 후퇴면적	m²	*건축선 후퇴거리			

건축물 현황					건축물 현황				
구분	층별	구조	용도	면적(m²)	구분	층별	구조	용도	면적(m²)
주1	지4층	철근콘크리트구조	주차장	10,490.87	주1	지3층	철근콘크리트구조	제언원품, 용역원실	393.67
주1	지4층	철근콘크리트구조	기계실, 전기실	2,233.17	주1	지3층	철근본리리트구조	지킨시설(근킨생활시설-계단심, ELEVELEV홀)	189.49
주1	지4층	철근콘크리트구조	공장(지식산업센터-계단실,ELEV홀)	438.06	주1	지3층	철근콘크리트구조	지원시설(기숙사-계단실,ELEVELEV홀)	78.92
주1	지3층	철근콘크리트구조	주차장	18,663.43	주1	지3층	철근콘크리트구조	지원시설(문화빛집회시설-개단실,ELEVELEV홀)	40.76
주1	지3층	철근콘크리트구조	공장(지식산업센터)	6,632.23	주1	지3층	철근콘코리트구조	지원시설(운동시설-계단실,ELEVELEV홀)	24.33
주1	지3층	철근콘크리트구조	기계실, 전기실	1,122.24	주1	지2층	철근꼰크리트구초	주차장	11,768.32

이 등(초)본은 건축물대장의 원본내용과 틀림없음을 증명합니다.

발급일: 2023년 06월 20일

담당자: 동탄5동
전 화: 031 - 5189 - 4951

화성시장 화성시장인 민원사무전용

※ 표시 항목은 총괄표제부가 있는 경우에는 적지 않을 수 있습니다.

297mm×210mm [백상지 (80g/m²)]

◆ 본 증명서는 인터넷으로 발급되었으며, 정부24(gov.kr)의 인터넷발급문서진위확인 메뉴를 통해 위변조 여부를 확인할 수 있습니다. (발급일로부터 90일까지) 또한 문서 하단의 바코드로도 진위확인(정부24 앱 또는 스캐너용 문서확인 프로그램)을 하실 수 있습니다.

축물에 관한 기본적인 표시사항과 소유자의 성명, 주소, 소유권 지분 등 소유자 현황에 관한 정보가 등록되어 있습니다. 이 장부는 건축물의 소유·이용 상태를 확인하거나, 건축정책 수립을 위한 기초자료로도 활용됩니다.

2) 위반건축물 여부 확인

위반건축물이란 건축법이나 관련 법규를 위반하여 건축된 건물을 말합니다. 위반건축물로 확인될 경우 이행강제금이 부과될 수 있으며, 법적 제재가 강화될 경우에는 임차인이 거주하는 동안 불이익을 당할 위험도 있습니다. 특히 위반건축물은 사용 중에 법적 문제가 발생할 수 있고 계약 종료 후 보증금 반환이 어렵거나 불가능해질 수도 있습니다. 또한 강제 철거 명령이 발효되면 세입자(임차인)는 거주 불능 상태에 놓일 수 있으며, 이때 보증금 회수를 위해 소송이나 민사 절차를 거쳐야 하는 어려움을 겪을 수도 있습니다.

위반건축물일 경우 건축물대장 표시

집합건축물대장(표제부, 갑) **위반건축물**

건물ID	고유번호	명칭
대지위치	지번	도로명주소

전유부분					소유자현 황		
구분	층별	※구조	용도	면적(m²)	성명(명칭) 주민(법인)등록번호 (부동산등기용등록번호)	주소	소유권 지분
공용부분							
구분	층별	구조	용도	면적(m²)			

3) 위반건축물 여부 확인 방법

① 건축물대장 확인

건축물대장은 건축물의 법적 상태와 위반 여부를 확인할 수 있는 중요한 자료입니다. 위반 여부를 확인하기 위해 다음 방법을 활용할 수 있습니다.

오프라인 조회

해당 건축물이 소재한 관할 주민센터 또는 시청의 건축과를 방문하여 건축물대장을 직접 열람할 수 있습니다.

정부24

중앙정부의 통합행정서비스인 정부24(www.gov.kr)에서 건축물대장을 조회할 수 있습니다.

건축행정시스템 세움터

대한민국의 건축행정 업무를 전자화한 시스템인 세움터(https://www.eais.go.kr)에서 건축물대장을 조회할 수 있습니다.

CHAPTER 6

전세사기피해자 지원 및 주거안정에 관한 특별법

학습목표

01 | 「전세사기피해자 지원 및 주거안정에 관한 특별법」의 제정 목적과 주요 내용을 이해할 수 있습니다.

02 | 「전세사기피해자 지원 및 주거안정에 관한 특별법」의 지원 대상이 되는 요건과 범위를 파악할 수 있습니다.

"전세사기로 보증금을 잃었는데, 아무런 도움도 받을 수 없다면 얼마나 억울할까요?"

이런 피해자들을 돕기 위해 만들어진 법이 바로 「전세사기피해자 지원 및 주거안정에 관한 특별법」입니다. 이번 단원에서는 이 법이 왜 만들어졌는지, 어떤 조건들을 갖추어야 지원 대상이 되는지 알아봅니다.

1 전세사기피해자 지원 및 주거안정에 관한 특별법 개요

「전세사기피해자 지원 및 주거안정에 관한 특별법(이하 전세사기피해자법)」은 전세사기 피해자의 주거 불안을 해소할 수 있도록 국토교통부 장관이 전세사기피해지원위원회를 통해 전세사기 피해자를 결정하고, 이들에게 경매 또는 공매 절차, 조세 징수 등에 관한 특별한 혜택을 부여한 법률입니다. 이 법은

2023년 6월 1일에 2년을 기한으로 시행된 한시적인 특별법입니다.

전세사기피해자 지원 및 주거안정에 관한 특별법 4가지 요건

① 주택의 인도와 주민등록(전입신고)을 마치고 확정일자를 갖춘 경우

▸ 임차권등기를 마친 경우 또는 전세권이 설정된 경우 포함

② 임대차보증금이 5억 원 이하인 경우

▸ 시·도별 여건 및 피해자의 여건을 고려하여 2억 원의 상한 범위 내에서 조정 가능

③ 2인 이상의 세입자(임차인)에게 임대차보증금반환채권의 변제를 받지 못하는 피해가 발생하였거나 발생할 것이 예상되는 경우

▸ 집주인(임대인)의 파산 또는 회생절차 개시, 임차 주택의 경매 또는 공매절차의 개시(국세 또는 지방세 체납으로 인한 임차 주택이 압류된 경우 포함), 세입자(임차인)의 집행권원 확보 등

④ 집주인(임대인)이 임차보증금반환채무를 이행하지 아니할 의도*가 있었다고 의심할 만한 상당한 이유가 있는 경우

*** 집주인(임대인) 등에 대한 수사 개시, 임대인 등의 기망, 보증금을 반환할 능력이 없는 자에 대한 임차주택 소유권 양도 또는 임차보증금을 반환할 능력 없이 다수의 주택을 취득하여 매입**

최근 전세사기피해자법 개정을 통해 법의 유효기간이 기존 2025년 5월 31일에서 2027년 5월 31일로 2년 연장되었습니다. 따라서 세입자(임차인)는 유효기간 만료 시점인 2027년 5월 31일 이전까지 특별법에 따른 피해자 결정 신청이 가능합니다. 피해자로 결정된 세입자는 주거, 금융, 경매 및 공매 특례 등 다양한 지원을 받을 수 있습니다.

특히 대규모 전세사기 발생 시기인 2022년 말~2023년 초 이전에 임대차 계약을 체결했으나, 묵시적 계약 갱신 및 계약갱신권 청구 등으로 인해 계약을 연장하여 집주인(임대인)의 사기 의도를 뒤늦게 인지하게 된 세입자도 특별법에 따른 구제를 받을 수 있을 것으로 예상됩니다.

다만, 2025년 6월 1일 이후에 최초로 임대차 계약을 체결하는 세입자는

해당 특별법의 적용 대상에서 제외됩니다.

2 전세사기피해자 지원 및 주거안정에 관한 특별법 지원 대상

지원 대상은 크게 두 가지로 나뉩니다. 첫 번째는 모든 요건을 충족한 전세사기 피해자입니다. 이들은 ① 이사 가서 주민등록까지 마치고 계약서에 확정일자도 받았을 것(이미 임차권 등기나 전세권 설정을 한 경우 포함), ② 전세 보증금이 5억 원 이하일 것(지역이나 상황에 따라 2억 원까지 낮아질 수 있음), ③ 같은 건물에 2명 이상 세입자(임차인)가 보증금을 못 받거나 못 받을 상황일 것, ④ 집주인(임대인)이 처음부터 보증금을 돌려줄 생각이 없었다고 의심할 만한 뚜렷한 이유가 있을 것으로 네 가지 조건을 모두 갖춘 세입자(임차인)입니다. 이 경우에는 특별법상 규정하는 모든 지원인 경·공매 절차 지원, 신용 회복 지원, 금융 지원, 긴급 복지 지원이 가능합니다. 이러한 피해자들은 이 법에서 제공하는 모든 지원을 받을 수 있으며, 이미 경매나 공매가 끝난 피해자의 경우에는 위 ①과 ③ 요건은 제외됩니다.

두 번째는 요건을 부분적으로 충족한 전세사기 피해자입니다. 여기에는 두 가지 경우가 있습니다. 첫 번째 경우는 ②, ④ 조건을 갖춘 세입자로, 이중계약이나 진짜 주인이 아닌 사람과의 계약, 신탁 사기 등으로 집에 살고 있지만 법적으로 보호받는 대항력은 없는 경우입니다(주택의 인도+전입신고+확정일자). 이 경우에는 일반적인 금융 지원, 긴급 복지 지원, 살 곳 지원 등을 받을 수 있지만, 경매나 공매 등의 특별 혜택은 없습니다. 두 번째 경우는 ①, ③, ④ 조건을 갖춘 세입자로, 집에 살고 있고 계약도 제대로 된 경우입니다. 이 경우에는 집주인이 체납한 세금 때문에 보증금에서 국가가 우선 변제받을 때, 다른 세대(호실)의 체납세금까지 책임지지 않아도 되도록 자신이 살던 주택에 해당하는 세금만 국가가 가져가도록 분리 조정하는 지원이 가능합니다.

전세사기피해자

① ~ ④ 요건을 모두 충족*한 신청 세입자(임차인)로 특별법상 규정하는 모든 지원 가능

* 경매 또는 공매 절차가 완료된 세입자(임차인)의 경우 ① 및 ③ 요건 제외

- ▸ 특별법상 규정하는 모든 지원 이 가능(경 · 공매 절차 지원, 신용 회복 지원, 금융 지원, 긴급 복지 지원)

전세사기피해자 등

②, ④ 요건을 충족한 신청 세입자(임차인)(이중 계약, 적법한 권한이 없는 집주인(임대인)과의 계약, 신탁 사기 등)

대항력은 없지만 주택을 점유하고 있는 경우(주택의 인도 + 전입신고 + 확정일자)

- ▸ 별법상 일반 금융 지원 및 긴급 복지 지원, 주거 지원 등 가능(경매 및 공매 특례 없음)

①, ③, ④ 요건을 충족한 신청 세입자(임차인)

주택을 점유하고 계약이 유효한 경우

- ▸ 세금 체납액을 개별 주택별로 안분하고, 주택 경매 시 해당 주택의 세금 체납액만 분리 환수하는 특별법상 조세 채권 안분 지원 가능

출처: 전세사기피해자 지원관리시스템

적용제외 대상

(보증가입) 세입자(임차인)이 주택임대차보증금 반환 보증보험에 가입했거나, 집주인(임대인)이 임대보증금 반환을 위한 보증가입을 한 경우

(최우선변제) 보증금 전액이 「주택임대차보호법」 제8조제1항에 따라 최우선변제가 가능한 소액임대차보증금보다 같거나 적은 경우

(자력회수) 대항력 또는 우선변제권 행사를 통해 보증금 전액을 자력으로 회수 가능한 경우

지원 신청 절차

신청	→ 접수·조사	→ 피해자 결정 및 결과(결정문) 송달	→ 지원혜택 신청
피해 임차인	**광역시·도**	**국토부**(위원회) **→ 임차인**	**임차인 → 관련기관**
	신청일로부터 30일 이내	안건상정 후 30일 이내 (15일 연장 가능)	

* 결과에 이의가 있는 신청은 송달일로부터 30일 이내 이의신청 가능
(국토교통부는 이의신청일로부터 20일 이내에 재심의 결과 통보)

SUMMARY

다음 내용을 통해 학습한 내용을 정리해 봅시다.

등기부

등기사항전부증명서(등기부)는 부동산의 권리관계를 공식적으로 기록한 공적 장부입니다. 등기부는 표제부(기본정보), 갑구(소유권), 을구(저당권 등 권리관계)로 구성되어 있으며, 집을 거래하거나 임대할 때 반드시 확인해야 합니다. 선순위 권리 여부, 근저당권 설정 유무, 경매개시결정등기를 꼼꼼히 확인해야 보증금을 안전하게 보호할 수 있습니다.

건축물대장

건축물대장은 건축물의 물리적 상태와 위반건축물 여부를 확인할 수 있는 공적 장부입니다. 건축물의 위치, 구조, 용도, 면적 등 기초 정보를 포함하며, 위반건축물 여부 확인을 통해 위반건축으로 인한 불이익(철거 · 이행강제금, 보증보험 가입 거절 등)을 피할 수 있습니다.

주택임대차보호법

주택임대차보호법은 세입자(임차인)를 보호하기 위한 법입니다.
전입신고와 주택점유를 통해 대항력이 발생하고, 확정일자를 통해 우선변제권을 확보할 수 있습니다. 계약갱신요구권과 전월세상한제도로 도입되어 세입자의 주거 안정성이 강화되었습니다.

등기부 '갑구'에 나타나는 위험요소

갑구는 '소유권'과 관련된 사항을 기록하는 곳으로, 소유자의 이름뿐만 아니라 소유권에 대한 제한사항도 포함됩니다.
여기에는 가처분, 가등기, 압류, 가압류, 경매개시결정 등과 같은 '처분 제한 등기'가 기재됩니다. 이런 등기가 있는 경우, 해당 부동산은 법적 분쟁 중이거나 강제집행 위험에 놓여 있는 상태이므로 전세계약을 체결할 경우 세입자(임차인)가 보증금을 돌려받지 못할 위험이 큽니다. 또한 신탁등기가 되어있는 경우 신탁원부를 확인하여 어떤 유형의 신탁인지 확인한 후 수탁사의 동의를 얻어 전세계약을 맺어야 합니다.

▌등기부 '을구'에 나타나는 위험요소

을구는 '소유권 이외의 권리'가 기록되는 부분으로, 세입자(임차인)의 보증금 반환에 영향을 주는 권리들이 포함됩니다. 대표적으로 근저당권, 저당권, 전세권, 임차권등기명령 등이 해당됩니다. 근저당권, 전세권, 임차권등기명령 등 설정되어 있는 경우, 세입자(임차인)는 경매 시 보증금을 후순위로 변제받게 될 위험이 높습니다.

EXCERCISE

다음 문제를 풀어보며 학습한 내용을 잘 이해했는지 확인해 봅시다.

01 | 등기부에서 '소유권 이외의 권리'가 기록되는 부분은 어디인가요?

02 | 건축물대장을 확인해야 하는 이유를 서술하세요.

03 | 주택임대차보호법 중 기존의 임대료에서 상한율을 5% 이내로 제한한 제도는 무엇인가요?

04 | 다음 사례를 읽고, 세입자(임차인)가 전세계약 전 확인했어야 할 서류는 무엇인가요?

사례

B씨는 한 오피스텔을 전세로 계약했으나, 나중에 그 건물이 신탁등기 된 상태이고 전세계약 시에 신탁사의 동의가 없었다는 사실을 알게 되었습니다. 결국 B씨는 집을 비워주어야 하는 상황에 처하게 되었습니다.

05 | 다음 사례를 읽고, 세입자(임차인)가 계약 전에 확인해야 할 서류는 무엇인가요?

사례

C씨는 신축 다세대주택의 전세계약을 체결하면서 공인중개사의 설명만 듣고 계약을 진행했습니다. 그러나 이 집은 이미 경매개시결정이 내려진 상태였고, C씨는 계약 종료 후 보증금을 돌려받지 못했습니다.

06 | 세입자(임차인)가 보증금을 돌려받지 못한 채 이사를 하더라도 대항력을 유지시켜주는 제도는 무엇인가요?

07 | (근)저당권이 설정된 주택이 위험한 이유를 서술하세요.

MEMO

PART 3에서는 전세계약이 체결되기까지의 모든 과정을 단계별로 학습합니다. 먼저, 주거용 부동산의 특성과 시세를 파악한 뒤, 현장을 방문하여 권리관계를 확인하는 방법을 익힙니다. 이어서 계약 체결 시에는 등기부 확인과 계약서 작성, 특약 설정 등 주요 사항을 점검하고, 잔금 지급 전후에는 소유자 변동 여부와 등기부 권리 상태를 다시 확인합니다. 마지막으로 전입신고와 보증보험 가입을 마무리함으로써 세입자(임차인)의 권리를 보호하고 안전하게 입주하는 방법을 배웁니다.

PART
3

전세계약하기

CHAPTER 7

전세 물건 찾기

학습목표

01 | 주거용 부동산의 종류별 특징과 전세계약 시 유의사항을 이해할 수 있습니다.
02 | 입주할 주택을 고를 때 확인해야 할 조건과 시세조사 방법을 설명할 수 있습니다.
03 | 현장을 직접 확인하는 절차와 세입자(임차인)가 알아야 할 법적 권리(대항력, 우선변제권 등)의 중요성을 알 수 있습니다.

"사진만 보고 계약해도 될까요?"

전셋집을 구할 때는 단순히 가격이나 위치만 보고 결정해서는 안 됩니다.
이번 단원에서는 집의 종류와 특징, 시세조사, 현장 방문 요령, 그리고 권리 보호를 위한 법적 확인사항까지 전세 물건을 고를 때 꼭 알아야 할 내용을 알아봅니다.

1 주거용 부동산의 종류별 특징과 주의사항

주거용 부동산은 단독주택과 여러 가구가 함께 거주하는 공동주택으로 나눌 수 있습니다. 단독주택의 대표적인 형태로는 단독주택과 여러 가구가 살 수 있도록 지어진 다가구주택이 있으며, 공동주택의 대표적인 형태로는 아파트와 흔히 '빌라'라고 불리는 다세대주택과 연립주택 등이 있습니다. 아파트나 빌라와 같은 공동주택은 등기부에서 설명한 것처럼 집합건물에 해당합니다.

1) 단독주택(다가구주택)

집합건물과 일반적인 건물의 가장 큰 차이점은 각 호수별로 개별 등기부가 나올 수 있는지 여부입니다. 집합건물인 아파트나 다세대주택은 각 호실마다 등기부가 따로 존재하기 때문에, 해당 호실에 먼저 설정된 권리 관계(선순위 보증금 등)를 확인하는 것이 비교적 쉽습니다.

하지만 다가구주택(원룸 등 포함)의 경우, 건물의 외형은 101호, 102호 등으로 구분되어 있어도 등기부에는 건물 전체가 하나의 물건으로 취급되어 각 호실별로 등기가 되어 있지 않습니다. 즉, 다가구주택의 경우 세입자(임차인)의 보증금은 자신이 거주하는 특정 호실에 대해서만 개별적으로 보장되는 것이 아니라, 건물 전체에 대해 권리가 발생한 순서대로 보장받게 됩니다.

문제는 등기부에는 등기된 권리만 나타나기 때문에, 등기하지 않은 전세 계약의 존재 여부나 보증금 액수는 확인하기 어렵다는 점입니다. 따라서, 다가구주택에 전세 계약을 진행할 경우에는 확정일자부여현황과 전입세대 확인서 발급을 통해 자신이 계약하려는 호실 외에 다른 호실에 거주하는 세입자 중 먼저 이사 와서 대항력을 갖춘 선순위 세입자의 보증금이 얼마나 있는지 반드시 확인해야 합니다. 만약 선순위 세입자의 보증금 총액이 건물 가격과 비슷하거나 더 많다면, 나중에 문제가 발생했을 때 자신의 전세금을 제대로 돌려받지 못할 위험이 커집니다.

2) 공동주택

① 다세대주택 · 연립주택 · 도시형생활주택

다가구주택처럼 다른 세입자(임차인)의 선순위 보증금이 큰 문제가 되는 경우는 상대적으로 적습니다. 하지만 집합건물인 공동주택에서는 토지 별도등기*가 존재할 수 있다는 점을 주의해야 합니다. 집합건물 등기부의 표제부에 '토지 별도등기 있음'이라는 표시가 되어 있다면, 이 주택이 지어진 토지의 소유권을 완전히 확보하지 못했을 가능성이 있습니다.

사례로 알아보는 전세 계약

공동담보목록을 확인해야 하는 이유

상황

세입자(임차인)는 회사 근처 다세대 주택을 전세계약하였습니다. 해당 주택을 계약하기 전 등기부에 근저당권이 설정되어 있었지만 계약하는 전세보증금과 근저당권의 채권최고액이 전체 건물의 가치를 넘지 않아 크게 걱정하지 않았습니다. 그러나 입주 후 얼마 지나지 않아 해당 주택이 경매에 넘어가게 되었고, 세입자(임차인)는 보증금을 돌려받기 위해 배당을 신청하였습니다. 하지만 공동담보목록에 포함된 대상이 건물 전체가 아닌 일부 호수로 선순위채권을 변제하면 보증금을 다 돌려받지 못하는 상황이 되었습니다.

예방방안

등기부에는 해당 세대에 설정된 담보 내역만 표시되기 때문에, 실제로는 같은 근저당에 묶여 있는 다른 세대의 정보나 전체 대출 규모를 세입자(임차인)가 파악하기 어렵습니다. 이처럼 공동담보가 설정되어 있을 경우, 세입자는 공동담보목록을 확인하기 전까지는 공동담보인 대출금의 규모를 파악할 수 없습니다. 따라서 예방을 위해서는 다음의 사항을 반드시 확인해야 합니다. 등기부등본 '을구'의 근저당권 설정 내역을 확인하고, 해당 근저당권이 공동담보로 설정되어 있는지 여부를 확인하여 등기부의 '공동담보목록'을 통해 다른 호수나 다른 건물과 묶여 있는 담보물 목록과 담보의 가치를 꼼꼼히 확인해야 합니다.

토지 별도등기는 집합건물 등기부에 토지에 대한 별도 권리관계가 있는 것을 표시하는 것으로, 건물 등기부와는 별도로 토지에 대한 등기 내용을 기록하는 것입니다. 일반적으로 건물을 지을 때 토지에 저당권, 압류 등 권리관계가 있는 경우에 토지 별도 등기를 하게 됩니다. 이는 건물 등기부와 토지 등기부의 권리관계가 일치하지 않음을 나타내는 표식으로, 건물 매수자나 세입자에게 경고하는 역할을 합니다.

또한 다세대주택, 연립주택, 도시형생활주택은 아파트와 달리 구조나 면적 등이 매우 다양하여 개별적인 특성이 강하므로, 시세를 확인하는 것이 아파트처럼 쉽지 않은 경우가 많습니다. 따라서 계약하려는 주택의 정확한 시세를 네이버페이부동산이나 공인중개사사무소 방문 등 여러 방면으로 꼼꼼하게 확인하는 것이 중요합니다.

기사로 알아보는 전세 계약

수원 전세사기 '쪼개기 대출'에 당했다

경기도 수원 일대에서 전세 사기를 당했다는 사람들의 신고가 계속 늘어나고 있습니다. 고소장이 접수돼서 경찰이 수사에 나섰는데 피해자들 가운데 상당수는 계약할 당시 건물에 잡힌 근저당이 진짜로는 얼만지 잘 몰랐던 걸로 드러났습니다.
모두 15세대가 있는 신축 빌라로 시세 40억짜리 건물에 등기부등본상 공동 담보로 기재된 근저당이 7억 6천만 원밖에 없었습니다.

[A 씨/전세사기 피해자 : 근저당이 있는 게 좀 찝찝하다고 말씀드렸더니 7억 6천 밖에 없고, 해당 건물에는 이 분이 워낙 수원에서 임대 사업을 오래 하셔서 절대 그런 안 좋은 일이 안 생길 거라고….]

2년 뒤 A 씨는 1년 재계약을 했는데 만기 한 달 앞둔 지금, 집주인 정 씨가 잠적해 버렸습니다. 알고 보니 이 건물은 이미 은행 채권최고액이 최대로 잡힌 이른바 '깡통 주택'. 건물에 잡힌 근저당은 7억 6천만 원이 아니고 총 21억여 원에 달했습니다. 집주인이 건물 내 15세대를 5세대와 10세대로 나눠 각각 7억 6천, 14억 원씩 쪼개기 대출을 받은 겁니다.

수원 건물 쇼핑왕 전세사기 개요

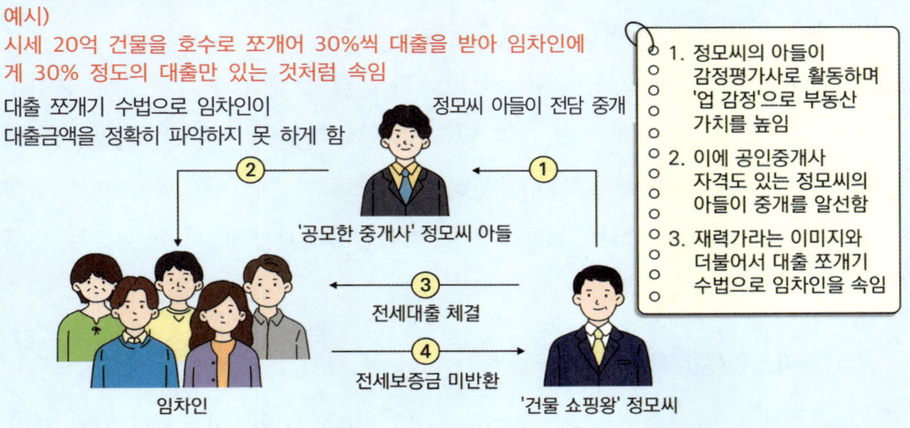

출처: SBS 뉴스, 2023.10.11

마지막으로, 주택의 호수 표시가 건축물대장상의 표시와 다른 경우가 종종 있으므로 주의해야 합니다. 예를 들어, 반지층의 경우 계약서에는 101호 등으로 표시되어 있지만, 건축물대장에는 '지101호'와 같이 '지'가 붙어있는 경우가 있습니다. 전입신고를 할 때 호수를 잘못 기재하면 법적으로 보호받는 대항력을 확보하지 못할 수 있으므로 반드시 건축물대장상의 정확한 호수 표시로 전입신고를 해야 합니다.

만약 건물 전체가 한 사람의 소유인 경우, 건물 전체에 공동담보가 설정되어 있을 수 있습니다. 이 경우에는 등기부 발급 시 '공동담보/전세목록'에도 체크하여 '공동담보목록'을 확인하는 것이 좋습니다. 이때 건물의 전체 가치 대비 공동담보목록에 있는 대출 금액을 반드시 확인해야 소위 '쪼개기 대출'과 같은 피해를 예방할 수 있습니다.

② 아파트

아파트의 경우 앞선 다른 공동주택과 마찬가지로 다른 세입자(임차인)의 선순위 보증금이 큰 문제가 되는 경우는 흔하지 않습니다. 하지만 아파트를 전세로 계약할 때 다음과 같은 점들을 주의해야 합니다.

기존 주택을 재건축하여 계약 당시 조합이 소유자로 되어 있는 신축 아파트의 경우, 기존 등기부가 폐쇄되고 신축 주택의 등기가 아직 완료되지 않아 권리관계를 확인하기 어려울 수 있습니다.

또한 분양권 상태로 아직 등기가 완료되지 않아 해당 주택에 대한 등기부가 존재하지 않는 경우 역시 소유권 및 권리관계 확인이 어렵고, 분양권을 가진 사람이 잔금을 제대로 납부하지 못하는 상황이 발생할 수도 있으므로 주의해야 합니다. 소규모 아파트의 경우에는 집합건물이므로 토지 별도등기 문제가 발생할 수도 있습니다.

③ 오피스텔(준주택)

오피스텔은 법적으로는 주택이 아니지만, 많은 사람들이 주거용으로 이용하는 부동산입니다. 오피스텔은 어떤 목적으로 관청에 신고되었는지에 따라 주거용과 업무용으로 나뉩니다.

최근에는 업무용 오피스텔을 실제로는 주거용으로 임대하는 사례가 증가하고 있습니다. 집주인(임대인)은 세금 공제 혜택을 받기 위해 오피스텔을 업무용으로 신고한 뒤, 실질적으로는 주거용으로 사용하게 하는 경우가 많습니다. 이 과정에서 일부 집주인은 세입자가 전입신고를 하지 못하도록 계약서에 특약으로 '전입신고 금지' 조항을 넣기도 합니다. 이러한 조항은 세입자의 법적 권리를 약화시키는 행위로, 계약 체결 시 각별한 주의가 필요합니다.

겉으로 보기에 상태가 좋거나 전세 보증금이 조금 저렴하다는 이유로 섣불리 이러한 오피스텔에 입주하여 전입신고와 확정일자를 받지 않고 거주하게 되면, 주택임대차보호법의 적용을 받지 못하게 되어 오피스텔이 경매로 넘어가기라도 하면 전세보증금을 돌려받지 못하는 피해를 입을 우려가 있습니다.

전입신고를 하지 않는 대신 나중에 다른 빚(후순위 근저당권 등)을 설정하지 않겠다는 특별한 약속(특약)을 계약서에 기재하는 경우도 있지만, 이러한 특약이 반드시 전세금 반환을 보장하는 것은 아닙니다. 따라서 오피스텔을 계약할 때에는 반드시 주거용으로 신고된 오피스텔인지 확인하고, 전입신고가 가능한지 여부를 명확히 확인해야 합니다.

단독주택

종류	내용
단독주택	-
다가구주택	다음의 요건을 모두 갖춘 주택으로서 공동주택에 해당하지 아니하는 것을 말함 • 주택으로 쓰는 층수(지하층은 제외)가 3개 층 이하일 것. 다만, 1층의 전부 또는 일부를 필로티 구조로 하여 주차장으로 사용하고 나머지 부분을 주택(주거 목적으로 한정) 외의 용도로 쓰는 경우에 해당 층을 주택의 층수해서 제외함 • 1개 동의 주택으로 쓰이는 바닥면적의 합계가 660㎡ 이하일 것 • 19세대(대지 내 동별 세대수를 합한 세대를 말함) 이하가 거주할 수 있을 것
다중주택	다음의 요건을 모두 갖춘 주택을 말함 • 학생 또는 직장인 등 여러 사람이 장기간 거주할 수 있는 구조로 되어 있는 것 • 독립된 주거의 형태를 갖추지 않은 것(각 실별로 욕실은 설치할 수 있으나, 취사시설은 설치하지 않은 것을 말함) • 1개 동의 주택으로 쓰이는 바닥면적(부설 주차장 면적은 제외함)의 합계가 660㎡ 이하이고 주택으로 쓰는 층수(지하층 제외)가 3개 층 이하일 것. 다만, 1층의 전부 또는 일부를 필로티 구조로 하여 주차장으로 사용하고 나머지 부분을 주택(주거 목적으로 한정) 외의 용도로 쓰는 경우에는 해당 층을 주택의 층수에서 제외함

공동주택

종류	내용
아파트	주택으로 쓰는 층수가 5개 층 이상인 주택
연립주택	주택으로 쓰는 1개 동의 바닥면적(2개 이상의 동을 지하주차장으로 연결하는 경우에는 각각의 동으로 봄) 합계가 660㎡를 초과하고, 층수가 4개 층 이하인 주택
다세대주택	주택으로 쓰는 1개 동의 바닥면적 합계가 660㎡ 이하이고, 층수가 4개 층 이하인 주택(2개 이상의 동을 지하주차장으로 연결하는 경우에는 각각의 동으로 봄)
도시형생활주택	전용면적 85㎡ 이하, 300가구 미만 공동주택이며 도시 지역의 서민과 1~2인 가구의 주거 안정을 위하여 2009년 5월에 도입한 주거 형태. 단지형, 연립주택, 단지형 다세대주택, 아파트형 주택이 있음

준주택

종류	내용
기숙사	다음의 어느 하나에 해당하는 건축물로서 공간의 구성과 규모 등에 관하여 국토교통부장관이 정하여 고시하는 기준에 적합한 것. 다만, 구분소유된 개별 실은 제외함 • 일반기숙사: 학교 또는 공장 등의 학생 또는 종업원 등을 위하여 사용하는 것으로서 해당 기숙사의 공동취사시설 이용 세대 수가 전체 세대 수(건축물의 일부를 기숙사로 사용하는 경우에는 기숙사로 사용하는 세대 수로 함)의 50% 이상인 것(「교육기본법」 제27조제2항에 따른 학생복지주택을 포함) • 임대형기숙사: 「공공주택 특별법」 제4조에 따른 공공주택사업자 또는 「민간임대주택에 관한 특별법」 제2조제7호에 따른 임대사업자가 임대사업에 사용하는 것으로서 임대 목적으로 제공하는 실이 20실 이상이고 해당 기숙사의 공동취사시설 이용 세대 수가 전체 세대 수의 50% 이상인 것
오피스텔	오피스텔(업무를 주로 하며, 분양하거나 임대하는 구획 중 일부 구획에서 숙식을 할 수 있도록 한 건축물로서 국토교통부장관이 고시하는 기준에 적합한 것을 말함)
다중생활시설	다중생활시설(「다중이용업소의 안전관리에 관한 특별법」에 따른 다중이용업 중 고시원업의 시설로서 국토교통부장관이 고시하는 기준과 그 기준에 위배되지 않는 범위에서 적정한 주거환경을 조성하기 위하여 건축조례로 정하는 실별 최소 면적, 창문의 설치 및 크기 등의 기준에 적합한 것을 말함)로서 같은 건축물에 해당 용도로 쓰는 바닥면적의 합계가 500㎡ 미만인 것
노인복지주택	노인에게 주거시설을 임대하여 주거의 편의·생활지도·상담 및 안전관리 등 일상생활에 필요한 편의를 제공함을 목적으로 하는 시설

2 입주 대상 주택 찾기

Check List

전세물건 찾기 - 깡통주택 및 허위 매물을 피하자!

☑ 적정 시세 조사

- 매매가격 대비 전세보증금이 크게 높지 않은 집을 찾는 것이 안전합니다.
- 공인중개사사무소 또는 안심전세앱, 국토부 실거래가 공개시스템, 공시가격, 민간애플리케이션 등으로 시세를 확인하는 것이 좋습니다.

☑ 최우선변제금액 확인해보기

- 최우선으로 변제받을 수 있는 보증금의 범위는 지역과 담보물권설정일별로 차이가 있으니 계약 전 확인해 보는 것이 필요합니다.

☑ 건축물대장 및 건축물현황도 확인하기

- 위반건축물일 경우 보증보험가입이 어려울 수 있습니다.
- 건축물현황도와 일치하지 않을 경우 주택임대차보호를 받지 못하기 때문에 해당 호수가 건축물현황도와 일치하는지를 확인하는 것이 좋습니다.

1) 온라인에서 전세 물건 찾기

전세 물건을 찾는 가장 손쉬운 방법 중 하나는 인터넷을 활용하는 것입니다. 각종 부동산 웹사이트나 모바일 애플리케이션을 통해 원하는 지역의 전세 매물을 손쉽게 검색할 수 있습니다. 사용자는 검색 조건을 직접 설정할 수 있으며, 주택의 위치, 종류, 보증금, 면적 등 다양한 항목을 지정하여 본인의 생활 조건과 예산에 맞는 매물을 효율적으로 찾을 수 있습니다. 특히 지역별 필터링 기능을 활용하면 관심 있는 동네의 시세 수준과 물건 특성을 빠르게 비교해 볼 수 있어 전세 물건을 처음 찾는 사람에게도 유용한 방법입니다.

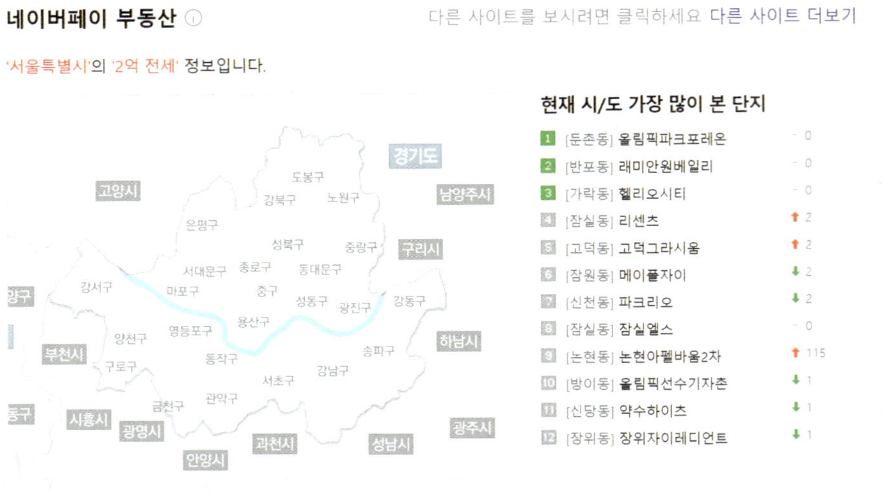

2) 중개업소에서 전세 물건 찾기

온라인을 통해 찾은 매물이 실제와 다를 수 있으므로, 관심 있는 주택이 있는 지역의 중개업소를 직접 방문하여 물건을 확인하는 것이 매우 중요합니다. 현장을 직접 방문하면 사진으로는 알 수 없는 주택의 상태, 주변 환경, 교통 여건 등을 직접 살펴볼 수 있으며, 공인중개사를 통해 보다 신뢰할 수 있는 정보를 얻을 수 있습니다. 공인중개사는 해당 지역 부동산 시장에 대한 경험과 정보를 바탕으로, 세입자(임차인)의 필요에 맞는 매물을 추천하거나 주의해야 할 사항에 대해 조언을 해줄 수 있습니다.

전세사기 예방과 별개로, 세입자가 실제 거주할 주택을 스스로 꼼꼼히 찾아보는 과정은 중요합니다. 주택의 위치, 대중교통 이용 편의성, 생활 인프라, 교육 환경, 지역의 치안 수준 등 거주지 선택에 영향을 미치는 요소들을 충분히 고려해야 합니다. 또한 온라인 검색과 중개업소 방문을 병행하며 여러 물건을 비교해보는 '발품'은 좋은 전셋집을 찾는 데 중요한 밑거름이 됩니다.

3 적정 시세 조사

1) 적정 시세 조사의 필요성

전세 계약을 체결하기 전에 해당 물건의 정확한 시세를 확인하는 것은 매우 중요합니다. 이는 예비 세입자(임차인)가 계약하려는 집의 전세 가격이 주변 시세와 비교하여 적정한 수준인지, 아니면 지나치게 높거나 낮은 가격인지 판단하기 위한 필수적인 과정입니다.

만약 전세 가격이 주변 시세와 비슷한 수준이라면 큰 문제가 발생할 위험은 상대적으로 낮다고 볼 수 있습니다. 하지만 해당 물건의 시세가 주변 시세에 비해 너무 높거나 낮다면 그 이유를 꼼꼼하게 따져보아야 합니다.

전세 가격이 주변 시세보다 지나치게 낮을 경우, 이는 해당 주택 자체의 상태에 심각한 문제가 있거나, 주변 환경이 좋지 않거나, 심지어 전세 사기의 가능성을 의심해 볼 수 있는 신호일 수 있습니다. 예를 들어, 숨겨진 심각한 하자나 법적인 문제의 위험이 있을 수 있습니다.

반대로 전세 가격이 주변 시세에 비해 과도하게 높다면, 집주인(임대인)이 부당한 이득을 취하려는 의도가 있을 수 있습니다.

이와 더불어 전세가율을 확인하는 것 또한 전세사기를 예방하고 안전한 계약을 체결하기 위해 매우 중요한 과정입니다. 전세가율이란 해당 주택의 매매 가격 대비 전세금의 비율을 의미합니다. 일반적으로 전세가율이 너무 높은 경우(예: 80% 이상), 집값이 하락했을 때 전세금을 온전히 돌려받지 못할 위험이 커지므로 주의해야 합니다. 따라서 전세 계약 전에는 반드시 해당 물건의 시세뿐만 아니라 전세가율까지 종합적으로 확인하여 안전한 계약을 체결해야 합니다.

더 알아보기

전세가율이란 쉽게 말해 집값(매매가) 대비 전세보증금이 차지하는 비율을 나타내는 수치입니다. 예를 들어, 어떤 주택의 매매 가격이 5억 원이고, 전세보증금이 3억 원이라면, 이 주택의 전세가율은 60%가 됩니다. 우리가 전세 계약을 맺기 전에 반드시 전세가율을 확인해야 하는 중요한 이유는 크게 두 가지로 나누어 볼 수 있습니다.

1. 안정성 확보

전세가율이 낮을수록 우리가 맡긴 전세보증금이 집값에서 차지하는 비중이 작아집니다. 이는 만약 집주인(임대인)이 해당 주택을 팔게 되더라도, 매매 대금으로 우리에게 보증금을 돌려줄 가능성이 높아진다는 의미입니다. 마치 큰 그릇에 적은 물을 담는 것과 같아서, 물이 넘칠 위험이 적은 것입니다.

반대로 전세가율이 높을 경우, 예를 들어 집값과 전세금이 거의 비슷하거나 심지어 전세금이 더 높다면, 집값이 조금이라도 떨어지거나 집주인(임대인)이 갑자기 경제적으로 어려움을 겪게 되었을 때 보증금을 제대로 돌려받지 못할 위험이 커집니다. 마치 작은 그릇에 물을 가득 담거나 넘치게 담으면, 조금만 기울어져도 물이 쏟아질 위험이 큰 것과 같습니다. 따라서 안전한 집을 선택하기 위해서는 전세가율이 낮은 주택을 우선적으로 고려하는 것이 중요합니다.

2. 경매 시 리스크 관리

만약 집주인(임대인)이 빚을 갚지 못해 우리가 살고 있는 집이 경매에 넘어가는 안타까운 상황이 발생할 수 있습니다. 이때 경매 낙찰 가격은 시장 상황에 따라, 즉 해당 주택의 시세에 따라 결정됩니다.

만약 전세가율이 높다면, 경매 낙찰 가격이 세입자(임차인)가 낸 전세보증금보다 낮아져서, 전세보증금을 전액 회수하지 못할 위험이 발생할 수 있습니다. 예를 들어, 집값이 5억 원인데 전세금이 4억 5천만 원(전세가율 90%)인 집이 경매에서 4억 원에 낙찰된다면, 우리는 5천만 원이라는 손해를 볼 수 있습니다.

반대로 전세가율이 낮다면, 경매 낙찰 가격이 우리의 전세보증금보다 높아질 가능성이 커져, 우리가 맡긴 보증금을 전액 안전하게 돌려받을 가능성이 높아집니다. 예를 들어, 집값이 5억 원인데 전세금이 2억 원(전세가율 40%)인 집이 경매에서 4억 원에 낙찰된다면, 우리는 전세금을 모두 돌려받을 수 있습니다.

결론적으로, 전세가율은 전세보증금을 안전하게 지킬 수 있는 중요한 지표 중 하나입니다. 따라서 전세 계약을 하기 전에는 반드시 해당 주택의 전세가율을 꼼꼼하게 확인하고, 너무 높은 전세가율의 집은 신중하게 고려해야 합니다.

2) 전세 시세 조사

전세사기가 발생하는 주된 원인 중 하나는, 매매가에 비해 전세금이 비정상적으로 높은 경우입니다. 이를 흔히 '깡통전세'라고 부릅니다. 따라서 전세로 입주하고자 하는 주택의 시세가 적정한 수준인지 확인하는 과정은 필수입니다.

전세 시세는 주변 유사 매물의 가격과 국토교통부 실거래가 정보를 비교하여 파악합니다. 이를 통해 과도한 보증금을 요구받지 않도록 하며, 이러한 과정은 전세피해를 예방하는 핵심적인 단계입니다.

| 더 알아보기

깡통주택은 해당 주택을 담보로 한 대출과 세입자(임차인)의 전세보증금을 합친 금액이 집의 실제 매매가에 가깝거나 더 높은 경우를 말합니다. 이런 경우에는 만약 주택 시장의 변동으로 인해 해당 주택 가격이 하락한다면 대출금액과 전세보증금의 합이 주택 가격보다 커져 문제가 발생할 수 있습니다.

깡통주택의 위험

Q 다음 중 깡통주택 위험이 더 높은 것은 어떤 주택일까요?

A 정답은 A주택입니다. 두 주택 모두 보증금 2억원이고, 주택의 가격도 5억원으로 동일하지만 깡통주택의 위험도는 다릅니다. 그 이유는 A주택의 경우 집주인(임대인)의 자기자본 비율이 낮아 전체 주택 가격의 80%가 타인의 돈(대출+보증금)으로 이루어져 있기 때문입니다. 즉, 집주인의 돈보다 세입자(임차인)의 보증금이 더 큰 상황이므로 세입자의 보증금이 위험해질 가능성이 더 높습니다.

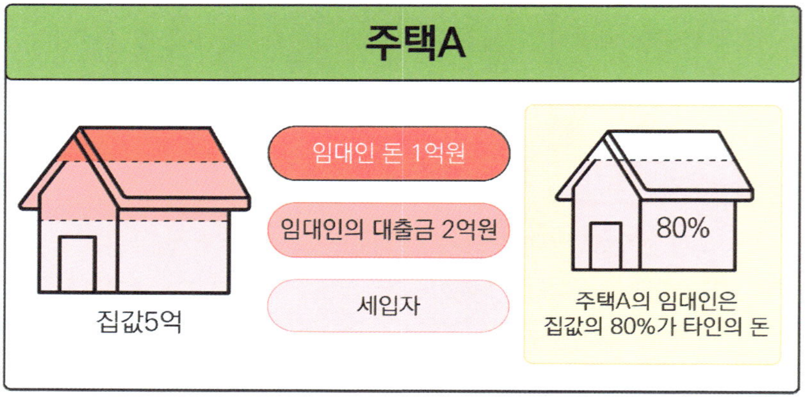

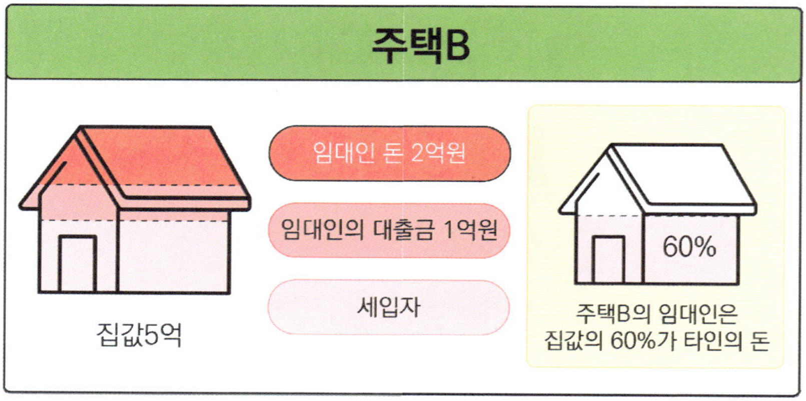

사례로 알아보는 전세 계약

1. 시세 조사의 중요성

상황

세입자(임차인)가 한 주택을 전세계약하였습니다. 전세가가 비싼 것 같았지만 신축 주택이고 기존에 거래된 가격이 높아 계약을 진행하고 입주하였습니다. 그러나 계약기간 만료 후 전세보증금 반환 과정에서 전세가격이 주택가격보다 높은 깡통주택이었다는 사실을 알게 되었습니다.

예방방안

건축주와 공인중개사 또는 컨설팅업체가 공모하여 매매가격을 부풀리고 이를 기반으로 적정 시세보다 높아진 전세보증금액을 요구합니다. 세입자는 계약 전 인근 주택의 전세 시세를 직접 확인하는 것이 바람직합니다.

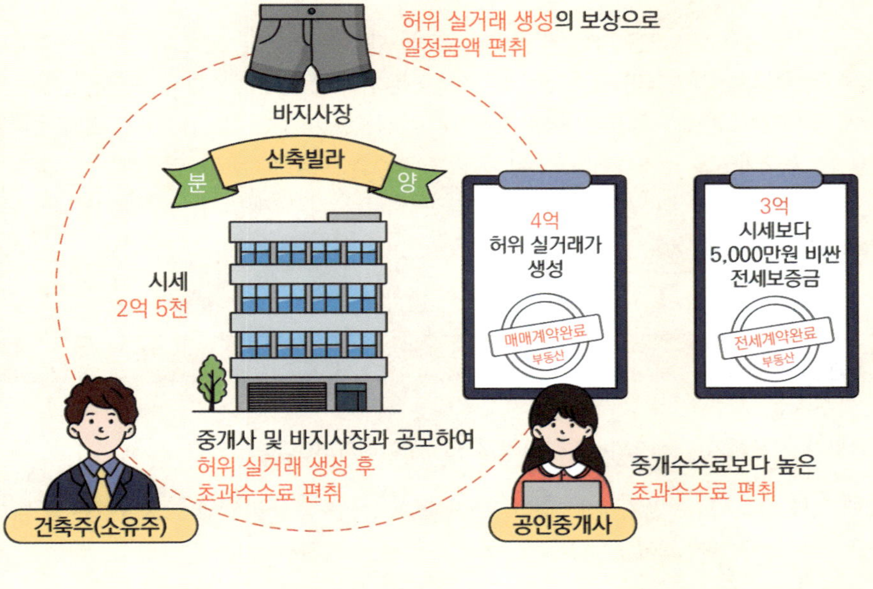

2. 무자본 갭투기

상황

세입자(임차인)는 한 주택을 전세로 계약하고 입주했습니다. 그러나 계약 만료 후 집주인(임대인)과 연락이 닿지 않았고, 집주인이 인근에 수십 채의 빌라를 소유하였다는 사실을 알게 되었습니다. 집주인은 세입자의 보증금을 또 다른 주택을 매입하는 데 사용하였으며, 인근 주택가격이 전반적으로 하락하며 전세 시세도 함께 하락하여 보증금 반환이 어렵게 된 상황입니다.

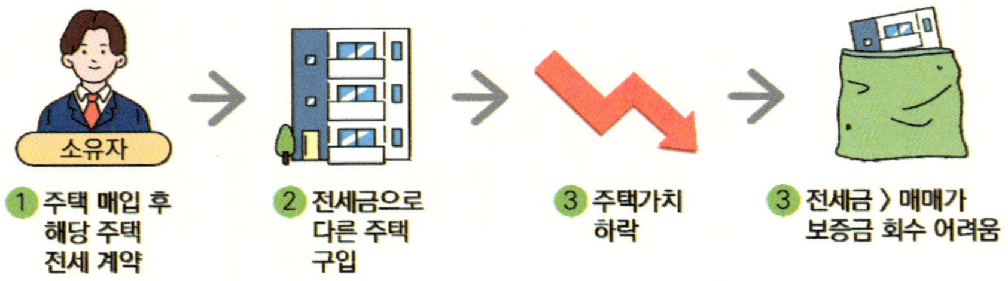

예방방안

세입자(임차인)의 보증금을 다른 주택을 구매하는 데 사용한 경우 발생하는 피해 사례입니다. 주택가격과 전세가격이 계속 상승할 것을 가정하고 주택을 매입하다 주택시장에서 가격하락이 발생하면 보증금을 반환할 수 없어 세입자에게 피해가 전가됩니다. 전세 주택을 구할 때 재력가임을 강조하거나 다주택자임을 자랑하는 경우, 임대업이 본업으로 특별한 다른 직업이 없는 경우, 법인이 임대 사업을 영위하는 경우 계약하는 주택의 전세가율을 정확하게 확인하는 것이 필요합니다.

기사로 알아보는 전세 계약

신축빌라 전세사기 극성, 피해액 171억원 달해...피해자 10명중 7명은 2030

40대 임대업자 A씨는 자기 자본 없이 세입자들의 전세보증금을 받아 잔금을 치르는 방식으로 서울 소재 빌라를 수십채 매수했습니다. 일명 '깡통전세'로, 최근 1~2년간 아파트 가격이 급등하면서 서울 빌라 전세금이 급등하자 이 같은 수법을 이용했습니다.
A씨는 부동산 침체기에 보증금 반환이 어렵게 되자 모든 빌라를 서류상으로만 존재하는 법인에 매도한 후 현재 잠적했습니다.

출처: 아주경제, 2022.12.20.

기사로 알아보는 전세 계약

급전 필요한 청년들에 접근...무자본 갭투자로 수억 챙긴 일당 검거

임대 보증금을 활용해 부동산을 매입하는 소위 '갭투자' 방식으로 수도권 일대에서 빌라 122채를 사들인 뒤 신용불량자 명의로 소유권을 이전해 전세 보증금 수십억 원을 가로챈 전세사기 일당이 경찰에 붙잡혔습니다.

서울, 경기, 인천에 위치한 빌라 122채를 자체 자금이 아닌 임대 보증금으로 무자본 매입하고 금융기관을 상대로 전세 대출금 등을 받아냈습니다. 이들 일당에는 부동산 컨설팅업자, 공인중개사가 포함돼 있었으며 무자본 갭투자팀, 허위 전세 계약팀, 보증금 반환팀, 작업 대출팀 등 역할을 나눠 활동했습니다.

SNS 등에 아르바이트 공고를 올려 형편이 어려운 20~30대들에게 돈을 주고 그들의 명의를 도용하기도 했습니다.

비대면 전세자금 대출은 금융기관에서 실사를 엄격하게 하지 않는다는 점과 담보대출 부동산의 경우 금융기관 간에 대출전산 자료가 공유되지 않는 점을 이용해 동일한 부동산에 여러 임차인에 대한 전세계약을 체결한 것처럼 속여 대출금을 편취했습니다.

출처: 충남일보, 2025.05.07.

3) 안심전세앱 활용

다세대주택이나 연립주택은 시세 정보가 부족한 경우가 많습니다. 이를 보완하기 위해 주택도시보증공사(HUG)에서는 '안심전세앱' 서비스를 제공합니다. 이 앱은 매매시세부터 전세가율까지 주택의 시세를 제공합니다. 전국의 연립, 다세대, 아파트, 오피스텔에 대한 평형별 매매시세와 지역 평균 전세가율, 경매 낙찰가율, 전세보증 사고 현황 등을 바탕으로 적정 전세보증금 수준을 진단할 수 있으며, HUG 전세보증 가입 가능 여부도 확인할 수 있습니다. 신축 빌라의 경우에는 준공 전·후 시세 비교도 가능합니다.

또한 집주인(임대인)의 숨겨진 정보를 투명하게 공개합니다. 집주인의 세금 체납 여부, 전세보증 사고 이력, 등록임대주택 여부 등을 비대면으로 휴대폰을 통해 확인할 수 있고, 임대보증금반환보증가입 여부와 미가입 사유도 조

기사로 알아보는 전세 계약

전세계약 전에도 임대인 정보 조회 가능

2025년 5월 27일부터는 임차인이 전세 계약 전에도 임대인의 정보를 사전에 확인할 수 있습니다. 임대인이 전세금 반환보증에 가입된 주택을 몇 채나 보유하고 있는지 최근 3년 동안 전세금을 반환하지 않은 적이 있는지 등을 확인할 수 있습니다. 그동안은 임차인이 전세 계약을 맺고 입주한 뒤 임대인 동의를 받아야 조회가 가능했지만 이제 계약 체결 전에도 공인중개사를 통해 계약 의사가 확인되면 임대인 동의 없이 조회할 수 있습니다.
4월 1일 국회 본회의를 통과한 주택도시기금법 개정에 따른 조치입니다. 조회 신청은 공인중개사 확인서를 가지고 주택도시보증공사 지사를 방문하면 됩니다. HUG의 안심전세앱을 통해서도 비대면으로 신청할 수 있습니다. 임대인 정보는 조회 신청 후 주택도시보증공사의 확인 절차를 거쳐 최대 7일 이내에 제공됩니다. 계약 당일 임대인을 만난 경우에는 안심전세앱을 통해 임차인이 임대인 정보를 조회하거나, 임대인이 본인 정보를 직접 조회해 확인해 줄 수도 있습니다.
다만, 신뢰성 확보와 남용 방지를 위해 조회는 신청인당 월 3회로 제한됩니다. 또 정보 제공 사실이 임대인에게 문자로 통지됩니다.

출처: KBS뉴스, 2025.05.26.

회할 수 있어 계약 전 판단에 도움이 됩니다.

계약 이후에는 등기부상의 선순위 채권이나 근저당권 설정 등 권리 변동 사항을 최대 2년 6개월간 무료로 알림 받을 수 있어 세입자의 권리를 지속적으로 보호할 수 있습니다.

4) 국토교통부 실거래가 공개시스템

국토교통부 실거래가 공개시스템(https://rt.molit.go.kr/)은 각종 부동산의 실거래 정보를 제공하는 정부 서비스입니다. 매매와 전세 모두 확인할 수 있으며, 웹사이트와 모바일 앱을 통해 쉽게 이용할 수 있습니다.

공동주택 공시가격 산정 기초자료

□ 공시가격

소재지	단지명	동/호	전년가격(원)	금년가격(원)
서울특별시 송파구 방이동 160-1	삼우빌라	XXX동△△△호	270,000,000	274,000,000

□ 위치도 및 주변환경

위치도

주변환경	
교육시설	서울방이초, 방산중,방산고
편의시설 (대형마트, 백화점 등)	한화 송파지점
의료시설 (대형병원)	서재곤링커병원, 포레메디한방병원
행정시설 (관공서)	방이1동주민센터, 방이2동주민센터, 서울방이동우체국
교통시설 (지하철)	한성백제(9호선), 방이(5호선)(역)

□ 주택특성자료

단지특성	용도	용도지역	건물구조
	다세대	제2종일반주거지역	철근콘크리트구조
	사용승인연도	동수	세대수
	2022	2	23
	건폐율	용적률	전체 주차대수
	29.11%	99.87%	-
	최고/최저층수	공시면적 종류	
	6/2	29.25㎡, 29.9㎡, 29.97㎡, 29.98㎡, 34.56㎡, 35.16㎡, 39.11㎡, 49.29㎡	
세대특성	공시면적	해당세대수	향
	29.9㎡	4	-

□ 가격참고자료

구분	소재지	단지명	층	전용면적(㎡)	계약일자	금액(천원)
거래사례	서울특별시 송파구 방이동 152-15	라벨메종4	3	26.01㎡	20241023	343,500
	서울특별시 송파구 방이동 152-15	라벨메종4	4	26.43㎡	20241023	355,000
부동산테크('25.1)	상한가(천원)	-		하한가(천원)	-	

□ 산정의견

본 건은 방이동에 위치하고 총 23세대이며 2022년도 사용승인 된 102동 203호 29.9m2로서, 인근에 서울방이초,방산중,방산고 등 교육시설이 위치하며, 의료시설로서 서재곤링커병원, 포레메디한방병원, 편의시설로서 한화 송파지점 등이 주위에 위치한다는 점을 가격형성요인으로 고려하였음.

또한, 본 건은 2층에 위치한 호로서 단지 내에 층별 효용과 위치별 요인 등을 고려하였으며,

인근지역 및 동일수급권 안의 유사지역에 있는 공동주택의 거래사례와 방매사례, 시세정보 등을 종합적으로 고려하여 산정하였고, 「부동산가격 공시에 관한 법률」에 따라 시세변동률과 현실화율을 반영하여 결정하였음.

5) 공시가격 확인

공시가격은 정부가 매년 부동산의 시가를 반영해 발표하는 가격입니다. 실제 거래가격보다는 낮게 책정되지만, 대략적인 가격 흐름을 파악하는 참고 자료로 활용할 수 있습니다. 공시가격은 국토교통부 부동산 공시가격 알리미, 국세청 홈택스, 한국부동산원 애플리케이션 등을 통해 확인할 수 있습니다.

공시가격알리미(https://www.realtyprice.kr/)에서는 공시가격 산정 기초자료를 통해 해당 주택의 공시가격 산정 시 참고한 주택의 가격 사례가 나와 있어 해당 주택의 가격참고자료에 기록된 사례를 통해 단위면적(㎡)당 가격을 알 수 있고 이를 토대로 계약하려는 주택의 시세를 추정할 수 있어 유용합니다.

6) 민간 애플리케이션 활용

정부 시스템 외에도 민간에서 운영하는 여러 플랫폼을 활용하면 보다 다양한 정보를 얻을 수 있습니다. 대표적인 서비스로는 리브 부동산, 호갱노노, 직방, 다방, 네이버페이 부동산, 아실 등이 있으며, 이들 플랫폼을 통해 전세 및 매매 시세를 확인하고 비교할 수 있습니다.

리브 부동산	호갱노노	직방	다방	네이버페이 부동산	아실
KB 부동산					

| 더 알아보기

시세 정보를 제공하는 다양한 앱이나 플랫폼에서는 통상적으로 전세가격과 매매가격을 제공하며, 이를 ㎡당 가격으로 환산하면 더 정확한 판단이 가능합니다. 아파트는 일반적으로 공급면적 기준으로 가격이 산정되지만, 다세대주택이나 연립주택의 경우 전용면적(등기부상 면적)기준으로 ㎡당 가격을 계산해야 합니다. 이렇게 하면 발코니 확장 등으로 인해 부풀려진 면적을 걸러내어 실제 가치에 가까운 시세를 파악할 수 있습니다.

기사로 알아보는 전세 계약

'당근마켓' 직거래 허점 악용...부동산 사기 주의보

한국공인중개사협회는 최근 서울 일대에서 '당근마켓'등 직거래 플랫폼의 허점을 활용한 부동산 사기가 일어나고 있다며 주의를 당부한다고 오늘(24일) 밝혔습니다.
용의자는 앞서 해당 오피스텔을 당근마켓에 올렸던 소유자에게 전화해 출입문 비밀번호를 알아낸 뒤 자신의 소유 매물로 꾸며 다시 당근마켓에 광고한 것으로 파악됐습니다.
용의자는 당초 소유자가 내놨던 조건보다 싸게 해당 오피스텔을 내놨고, 이를 보고 연락해 온 피해자들에게 비밀번호를 알려주며 가계약금을 입금하라고 한 뒤 돈을 받고 잠적했습니다.

출처: KBS뉴스, 2025.03.24..

7) 중개사무소에서 시세 확인

지역 내 중개업소에 직접 방문하거나 전화로 문의하는 방법도 있습니다. 가능한 경우 두 곳 이상의 중개업소를 방문하여 구득한 정보를 교차 검증하는 것이 바람직합니다. 공인중개사는 지역의 시세 동향에 대한 이해도가 높기 때문에 실제와 가장 가까운 전세 시세 정보를 확인할 수 있습니다.

시세 조사는 전세사기를 피하기 위한 가장 중요한 절차입니다. 적정한 전세금으로 계약을 체결하면, 전세사기의 90% 이상은 예방할 수 있습니다.

4 전셋집 현장 확인(임장)

전셋집을 실제로 확인하는 과정은 매우 중요합니다. 온라인상 정보나 서류만으로는 주택의 상태나 문제점을 정확히 파악하기 어렵기 때문입니다. 특히, 전세사기 피해를 방지하기 위해서는 주택의 물리적 상태뿐 아니라 서류상의 정보와 일치 여부까지 꼼꼼히 확인해야 합니다.

1) 미등록 건물이거나 신축 건물일 경우

주택이 '미등록 건물'이거나 '신축 건물'인 경우에는 특별히 주의해야 합니다. 미등록 건물은 아직 건축물대장이나 등기부가 생성되지 않은 상태로, 해당 주택의 물리적 형태나 법적 소유권을 확인하는 데 어려움이 있습니다. 이 경우 주택이 불법 건축물이거나 소유권이 불확정된 상태일 수 있으므로, 계약을 진행하기 전에 반드시 건축물대장과 등기부의 존재 여부를 확인해야 합니다.

신축 건물의 경우, 「건축법 시행령」 제2조 제1호에 따라 '건축물이 없는 대지에 새로 건축물을 축조한 것'을 의미합니다. 이러한 신축 주택은 공시가격이 아직 산정되지 않았거나, 실거래 내역이 존재하지 않는 경우가 많습니다. 따라서 적절한 시세를 판단하기 어렵고, 깡통전세 등 전세사기 위험에 노출될 가능성이 높습니다.

2) 건축물대장과의 일치

주택의 실물과 건축물대장의 내용이 일치하는지를 반드시 확인해야 합니다. 건축물대장은 주택의 소유·이용 상태를 확인하고, 각종 행정상의 기초자료로 활용되는 공적 장부입니다. 여기에는 주소, 건물 구조, 용도, 면적 등의 정

집합건축물대장(표제부, 갑) **위반건축물**

건물ID	고유번호	명칭
대지위치	지번	도로명주소

전유부분					소유자현 황		
구분	층별	※구조	용도	면적(m²)	성명(명칭) 주민(법인)등록번호 (부동산등기용등록번호)	주소	소유권 지분
공용부분							
구분	층별	구조	용도	면적(m²)			

기사로 알아보는 전세 계약

전세사기 피해주택 1천 400채가 불법 건축물이었다.

전세사기 피해주택 중 7% 수준인 약 1천 400가구가 불법 건축물인 것으로 나타났습니다. 불법 건축물은 경매와 공매, 한국토지주택공사(LH) 매입도 어려워 그간 피해자들이 피해구제의 사각지대에 머물러 있었으나, 오는 11월 개정 전세사기 피해지원 특별법이 시행되면 LH매입이 가능해집니다.
위법 건축물은 건물 일부를 불법 개조하거나 용도를 변경한 건물을 말합니다. 일조나 사선 제한으로 건물을 짓지 못하는 베란다나 옥상을 불법 증축하거나 필로티 주차장 또는 1층 외부 공간을 확장해 주택을 만들어 임대하는 경우가 대표적입니다. (중략)
불법 건축물 중 무단 증축한 사례가 대부분이고, 세대 수를 늘리기 위해 내부에 벽을 세우는 '방 쪼개기'도 있었습니다.

출처: 연합뉴스, 2024.09.22.

보가 기재되어 있으며, 실제 주택의 모습과 이러한 정보가 일치하는지 직접 확인하는 것이 중요합니다.

특히 위반건축물 여부는 전세사기를 예방하는 데 있어 중요한 요소입니다. 위반건축물은 법적 기준을 위반하여 건축된 주택을 의미하며, 향후 철거 명령이나 이행강제금 부과 등의 문제가 발생할 수 있습니다. 이러한 건축물은 추후 보증금 반환과 관련한 분쟁 시 세입자(임차인)의 법적 지위에 불리하게 작용할 수 있으므로, 계약 전에 반드시 확인해야 합니다.

3) 건축물현황도와의 일치

건축물현황도는 해당 건물의 내부 구조, 각 층별 공간 배치, 호수의 위치와 면적 등을 도면 형태로 명확히 보여주는 자료로, 실제 주택의 구조와 일치하는지 비교하는 데 활용됩니다. 특히 건축물대장이 주택의 외형적 특성과 행정적 정보를 제공한다면, 건축물현황도는 내부 공간의 실제 존재 여부와 합법적 등록 여부를 판단할 수 있도록 해줍니다.

사례로 알아보는 전세 계약

호수 불일치를 이용한 사기

상황

세입자(임차인)는 다세대주택의 전세계약을 진행하였습니다. 공인중개사는 해당 건물의 301호를 보여주었고, 세입자는 이를 확인한 후 계약서를 작성하였습니다. 계약서에도 '301호'로 명확히 기재되어 있었고, 계약금도 무리 없이 집주인(임대인)의 계좌로 송금하였습니다. 입주 후 신청한 전세보증금반환보증가입이 거절되었다는 통지를 받았습니다. 해당 건물이 계약 당시에는 위반건축물 단속 전이라 그 사실을 알지 못했는데 세입자가 입주한 후에 위반건축물로 분류되어 가입이 불가하다는 내용이었습니다. 이에 세입자는 관할 주민센터에서 건축물대장과 건축물현황도를 확인한 결과 해당 다세대주택의 '301호'는 존재하지 않는다는 사실을 알게 되었습니다.

예방방안

임대차계약을 진행할 때는 반드시 건축물현황도를 열람하여 계약하려는 호수가 실제로 존재하는지 확인해야 합니다. 건축물현황도는 해당 건물의 내부 구조와 각 호수의 배치를 명확히 보여주는 중요한 서류로, 이를 통해 계약 대상 호수가 합법적으로 등록된 공간인지 확인할 수 있습니다. 특히, 기재된 주소와 건축물현황도상의 정보가 일치하는지 꼼꼼히 비교해야 합니다. 위반건축물로 등록되지 않은 건축물의 경우에도 건축물현황도를 확인하면 위반건축물 여부를 알 수 있습니다.

불법 증축이나 임의로 분할된 공간이 많아지는 다세대·다가구주택의 특성상, 계약하려는 호수가 건축물현황도에 존재하지 않거나 등록되지 않은 경우 전입신고가 무효될 수 있어 향후 보증금 반환 시 분쟁의 원인이 될 수 있습니다. 따라서 계약 전에는 건축물대장과 더불어 건축물현황도를 반드시 열람하고, 계약서에 기재된 부동산이 현황도상에 존재하는지를 직접 확인하는 절차가 필요합니다.

건축물현황도는 건축물대장과 달리 누구나 자유롭게 발급받을 수 있는 서류는 아닙니다. 입주 전에는 건축물 소유자의 동의가 있어야 하며, 또는 소유자로부터 중개를 의뢰받은 공인중개사가 발급할 수 있습니다. 따라서 임대차계약을 체결하기 전에 해당 호실의 합법성 여부를 확인하기 위해서는 건축물현황도를 미리 제공해 줄 것을 집주인(임대인)이나 공인중개사에게 요청하는 것이 필요합니다. 입주 이후에는 세입자(임차인) 본인이 직접 건축물현황도를 발급받을 수 있습니다.

4) 현장 확인(임장)

현장 확인 시에는 주택의 노후 상태와 수도, 전기, 방수 등의 시설 상태도 꼼꼼히 살펴봐야 합니다. 겉보기에는 멀쩡해 보여도 실제로는 누수나 결로, 전기 안전 등의 문제가 있을 수 있기 때문입니다. 이러한 하자는 계약서에 명시되지 않으면 추후 세입자(임차인)가 책임을 져야 하는 경우도 발생할 수 있으므로, 문제가 있는 부분은 반드시 사전에 파악해 두어야 합니다.

특히 다세대주택의 경우, 계약하려는 세대의 '호수'가 서류에 정확히 기재되어 있는지 확인해야 합니다. 전입신고 시 호수가 일치하지 않으면 대항력을 갖지 못해 법적 보호를 받지 못할 수 있습니다. 따라서 계약 전에 등기부, 건축물대장, 건축물현황도 등을 주택 실물과 비교하여 해당 정보가 일치하는지를 확인해야 합니다.

이처럼 전셋집의 실물 확인은 단순한 외관 점검을 넘어, 서류상의 정보와의 일치 여부, 건물의 합법성, 시설 상태 등을 종합적으로 확인하는 과정입니다. 이 과정을 통해 문제가 있는 전셋집을 미리 걸러내고 추후 전세보증금 회수에 있어 자신의 권리를 확실히 보호할 수 있습니다.

5 집주인의 임대보증금보증 가입 여부 확인

집주인(임대인)이 임대사업자인 경우에는 '임대보증금보증'이라는 보험에 가입할 수 있습니다. 이 보증보험은 주택도시보증공사(HUG)를 통해 제공되며, 집주인이 세입자(임차인)에게 보증금을 반환하지 못할 경우를 대비하여 보증기관이 대신 보증금을 돌려주는 역할을 합니다.

즉, 집주인의 신용이 문제가 되는 경우에도 세입자는 일정 범위 내에서 보증금을 회수할 수 있게 되는 것입니다. 이러한 이유로, 집주인이 임대사업자라면 임대보증금보증에 가입했는지를 확인해야 합니다. 해당 보증에 가입되어 있다면, 임대보증금의 반환에 대한 안전장치를 확보할 수 있습니다.

기사로 알아보는 전세 계약

'전세보증주택 매입' 악성임대인 꼼수 기승...4년 연속 증가세

A씨는 전세보증금 사고 이력이 없는 임대인 B씨와 2021년 9월 임차 계약을 체결한 뒤 같은 해 10월 주택도시보증공사(HUG) 전세보증보험에 가입했습니다.
B씨는 한달 뒤 C씨와 매매계약을 체결해 소유권 이전을 했습니다. 임대인 바뀌면서 공사 보증 주채무자도 C씨로 바뀌었습니다. 당시 C씨는 보증금을 갚지 못한 사고 이력이 있어 악성 임대인으로 분류된 상태였습니다. 3년 뒤 A씨가 보증금을 돌려받지 못하는 사고가 발생하자 HUG가 C씨 대신 보증금을 갚았습니다.
악성 임대인은 보증보험 신규 가입과 갱신이 불가능합니다. 그러나 소유권 이전을 통해 기존 보증보험을 승계받은 악성 임대인은 기존 보증효력을 인정받습니다. 기존 보증에 가입한 임차인을 우선 보호하는 취지에서입니다.

출처: 뉴시스, 2024.10.24.

또한 이 보증상품은 임대사업자에게만 적용되는 것이며, 일반 집주인에게는 해당되지 않는다는 점도 함께 유의해야 합니다. 따라서 계약 전 집주인이 임대사업자인지를 먼저 확인하고, 그 다음으로 보증상품에 가입했는지 여부를 살펴보는 것이 바람직합니다.

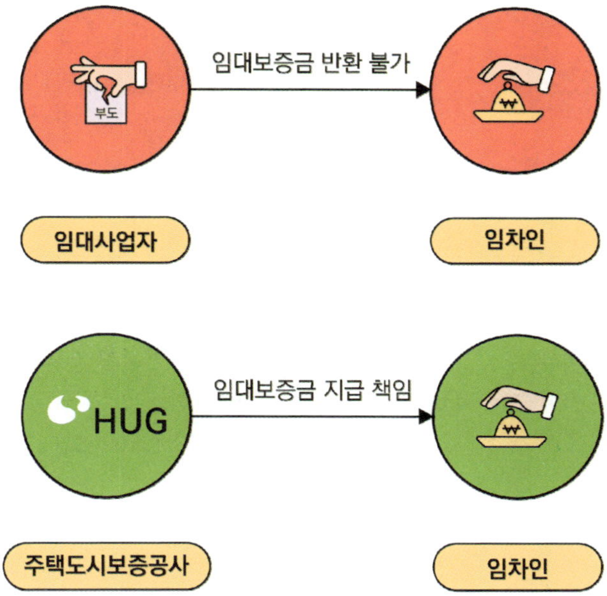

6 대항력 · 우선변제권 · 최우선변제 확인

전세계약을 체결하면서 가장 중요하게 확인해야 할 사항 중 하나는 내 보증금을 법적으로 어떻게 보호받을 수 있는지입니다. 이를 위해 알아두어야 할 핵심 개념이 바로 대항력, 우선변제권, 최우선변제입니다. 이 세 가지는 세입자(임차인)가 보증금을 돌려받는 데 있어 법적인 순위와 권리를 결정하는 기준이 됩니다.

세입자 보호제도 비교

구분	대항력	확정일자 임차인의 우선변제권	소액보증금 중 일정액의 우선변제권 (이하 최우선변제)
구비 요건	• 주택인도(입주) • 주민등록 전입신고	• 대항력의 요건 • 확정일자 부여	• 대항력의 요건
효력	• 상기요건 구비 시 익일 0시부터 효력 발생	• 부여받은 확정일자에 저당권을 설정한 것과 동일한 우선변제력이 인정됨 • 주택임대차보호법상 명시돼 있지는 않으나 대법원 판례에 따르면 우선변제권은 경매절차에서 1회에 한해서만 사용 가능	• 경매개시결정 기입등기 전까지 상기 요건을 구비할 경우 효력발생 • 일정범위의 보증금 중 일정액을 타 담보권자나 일반채권자보다 우선 배당
배당 요구권 및 시기	없음	배당요구종기일 이전까지 배당요구	배당요구종기일 이전까지 배당요구
기타	주택의 인도와 주민등록의 전입신고 등 대항력 요건은 배당요구종기까지 계속 구비하고 있어야 하며 도중에 인도하거나 주민등록을 이전한 사실이 밝혀지면 우선변제권을 상실하여 배당에서 제외되나 임차권등기 완료 시에는 퇴거해도 우선변제권이 유지됨		

1) 대항력의 의미와 요건

대항력은 세입자(임차인)가 계약을 맺은 이후, 제3자에게도 자신의 계약 내용을 주장할 수 있는 법적 효력을 말합니다. 즉, 나중에 집의 소유자가 바뀌더라도 임대차 계약이 여전히 유효하다고 주장할 수 있는 힘입니다.

이 대항력을 갖추기 위해서는 두 가지 요건을 모두 충족해야 합니다.

① 해당 주택에 입주(주택 인도)해야 합니다.

② 주민등록 전입신고를 해야 합니다.

사례로 알아보는 전세 계약

대항력 취득 전 근저당권 설정

상황

세입자(임차인)는 2019년 4월 보증금 2억 원에 전세계약을 체결하고, 6월 22일에 입주하면서 전입신고와 확정일자를 완료하였습니다. 이에 따라 A씨는 6월 23일 0시(오전 12시)에 대항력과 우선변제권을 취득하게 되었지만, 입주 당일인 6월 22일에 집주인(임대인)이 해당 주택에 근저당권을 설정한 사실을 나중에서야 알게 되었습니다. 계약 당시 등기부에는 근저당권이 없었고, '현 상태 그대로 임대한다'는 특약도 있었으나 지켜지지 않았습니다. 이로 인해 세입자는 선순위 근저당권으로 인해 보증금 미반환 위험에 처하게 되었습니다.

예방방안

2025년 6월 기준, 대항력 제도의 허점을 완벽하게 보완할 수 있는 방법은 존재하지 않습니다. 따라서 계약 체결 직후부터 입주 전까지는 등기부를 다시 발급받아 권리 변동 여부를 반드시 확인해야 합니다. 특히, 근저당권 설정의 효력은 설정 당일 즉시 발생하는 반면, 대항력은 전입신고와 실제 거주 요건을 모두 갖춘 다음 날 0시(오전 12시)부터 비로소 효력이 발생하므로 이 시차에 주의가 필요합니다. 이에 따라 계약서에는 '대항력 확보 전 담보권 설정 금지' 특약을 명시하고, 이를 위반할 경우 계약을 즉시 해지할 수 있도록 특약을 설정해 두는 것이 가장 현실적인 예방책입니다.

이 두 가지를 모두 마친 다음날 0시부터 대항력이 발생합니다. 따라서 전입신고만 하고 입주하지 않거나, 반대로 입주만 하고 전입신고를 하지 않으면 대항력이 생기지 않기 때문에 반드시 입주와 전입신고를 동시에 갖추는 것이 중요합니다.

기사로 알아보는 전세 계약

이사 당일까지 전세사기 걱정...이렇게 예방하세요

전세 임차인이라면 이사 들어오거나 나가는 당일에도 전세사기가 발생할 수 있다는 우려를 하게 됩니다. 그러나 이사 당일 임대인을 변경하거나 주택담보대출을 실행하는 전세사기 피해를 막을 방법도 있습니다.

만약 3월 15일 전세 임차인이 이사하고 전입신고를 하더라도 임차인이 권리를 주장할 수 있는 '대항력'이 다음날인 3월 16일 0시에 효력이 발생하기 때문에 이 공백을 악용하는 일당이 있습니다.

3월 15일 이사 당일인 새 집주인에게 집을 매도했거나 주택담보대출을 받으면 세입자의 대항력이 없어 새 집주인으로부터 퇴거 요구를 받는 곤란한 상황이 생길 수 있습니다. 주택담보대출을 받은 경우 대출 채권이 임차보증금 반환 채권보다 선순위이기 때문에 임차보증금을 돌려받지 못하는 피해를 당할 수 있습니다.

만약 주택소유자 변경 또는 근저당권을 설정하는 내용이 접수됐다면 '신청사건 처리 중'이라는 문구가 명시되기 때문에 이 경우 잔금을 지급하지 않고 대출로 인한 선순위 근저당권이 접수됐는지 확인해야 합니다.

출처: 뉴시스, 2025.03.15

2) 우선변제권의 의미와 요건

일반적인 전세계약은 채권계약이지만, 대항력의 요건을 갖춘 뒤 확정일자를 받으면 채권계약이 물권화되어 세입자(임차인)의 지위가 안정적으로 확보되는 우선변제권이 확정됩니다. 여기서 우선변제권이란 임차주택이 경매나 공매로 처분될 경우, 다른 후순위 권리자나 기타 일반 채권자들보다 보증금을 우선해서 돌려받을 수 있는 권리를 의미합니다. 우선변제권은 앞서 말한 대항력 요건을 갖춘 뒤에 확정일자를 받으면 발생합니다.

확정일자는 관할 주민센터(행정복지센터)나 법원에서 계약서에 날짜 도장을 받는 절차를 말합니다. 이 확정일자가 있으면, 세입자는 마치 담보권자처럼 경매 절차에서 보증금을 배당받을 수 있습니다. 단, 우선변제권은 경매에서 한 번만 행사할 수 있으며, 그 이후에는 동일한 효력을 주장할 수 없습니다.

3) 최우선변제의 의미와 요건

최우선변제는 대항력을 갖춘 세입자(임차인)의 보증금이 일정 금액 이하일 경우, 순위와 관계없이 다른 어떤 권리자보다도 우선해서 일정액을 배당받을 수 있는 권리입니다. 이를 흔히 소액임차인 보호제도라고도 합니다.

이 권리를 인정받기 위한 조건은 다음과 같습니다.

① 보증금이 해당 지역별 기준 금액 이하일 것

② 경매신청 등기 이전에 주택에 입주하고 주민등록 전입신고를 마쳐서 대항력을 갖추었을 것

이 기준을 충족하면 세입자는 선순위 담보물권자가 있더라도 보증금의 일정액을 가장 먼저 배당받을 수 있습니다.

4) 최우선변제 적용 예시

예를 들어, 서울특별시에 있는 주택에 대해 2025년 10월 10일에 임대차 계약을 체결했고, 해당 주택에 설정된 가장 빠른 담보물권(예: 근저당권)의 설정일이 2018년 10월이라면, 최우선변제를 받을 수 있는 보증금 기준은 1억 1천만 원 이하, 그리고 최우선변제금은 3,700만 원까지입니다. 이 기준은 지역과 시기에 따라 다르게 정해져 있으며, 주택 가격 상승에 따라 주기적으로 조정되고 있습니다.

최우선변제액과 그것을 받을 수 있는 보증금의 범위

담보물권설정일[1]	지역	보증금 범위	최우선변제액[2]
1984. 6. 14~ 1987. 11. 30	특별시, 직할시	300만원 이하	300만원까지
	기타 지역	200만원 이하	200만원까지
:	:	:	:
2018. 9. 18 ~2021.5.10	서울특별시	1억 1천만원 이하	3,700만원까지
	수도권정비계획법에 따른 과밀억제권역,[3] 세종시, 용인시, 화성시	1억원 이하	3,400만원까지
	광역시(수도권정비계획법에 따른 과밀억제권역에 포함된 지역과 군지역은 제외), 안산시, 김포시, 광주시, 파주시	6,000만원 이하	2,000만원까지
	기타 지역	5,000만원 이하	1,700만원까지
2021.5.11 ~ 2023.2.20	서울특별시	1억 5천만원 이하	5천만원까지
	수도권정비계획법에 따른 과밀억제권역(서울특별시는 제외한다), 세종특별자치시, 용인시, 화성시, 김포시	1억 3천만원 이하	4,300만원까지
	광역시(수도권정비계획법에 따른 과밀억제권역에 포함된 지역과 군지역은 제외한다), 안산시, 광주시, 파주시, 이천시, 평택시	7,000만원 이하	2,300만원까지
	기타 지역	6,000만원 이하	2,000만원까지
2023.2.21 ~	서울특별시	16,500만원 이하	5,500만원까지

담보물권설정일[1]	지역	보증금 범위	최우선변제액[2]
	수도권정비계획법에 따른 과밀억제권역(서울특별시는 제외한다), 세종특별자치시, 용인시, 화성시, 김포시	14,500만원 이하	4,80만원까지
	광역시(수도권정비계획법에 따른 과밀억제권역에 포함된 지역과 군지역은 제외한다.) 안산시, 광주시, 파주시, 이천시, 평택시	8,500만원 이하	2,800만원까지
	기타 지역	7,500만원 이하	2,500만원까지

주1) 설정일의 기준은 임대차 계약일이 아닌 최초 담보물권(근저당권, 담보가등기, 전세권 등) 설정일의 기준

주2) 주민등록 전입과 주택의 인도가 있어야 함(매각금액의 1/2의 한도)

주3) 의정부시, 구리시, 하남시, 고양시, 수원시, 성남시, 안양시, 부천시, 광명시, 과천시, 의왕시, 군포시, 시흥시(반월특수지역 제외), 남양주시(호평동, 평내동, 금곡동, 일패동, 이패동, 삼패동, 가운동, 수석동, 지금동 및 도농동에 한한다), 인천광역시(강화군, 옹진군, 서구 대곡동·불로동·마전동·금곡동·오류동·왕길동·당하동·원당동, 인천경제자유구역 및 남동 국가산업단지를 제외)

다음 내용을 통해 학습한 내용을 정리 해봅시다.

▌전세시세 확인

① 전세 시세 확인 방법

네이버페이 부동산, 안심전세앱, KB부동산 등에서 시세 확인이 가능합니다.

② 전세 시세 판단법

시세를 판단하는 객관적인 기준은 존재하지 않습니다. 다만 HUG에서는 전세보증금반환보증가입을 위한 기준을 제시하고 있으며, 이를 기준으로 판단하면 위험을 예방할 수 있습니다. HUG의 전세보증금반환보증가입을 위한 기준은 공시가격의 126%이며, 계산식은 아래와 같습니다.

공시가격 126% = 공시가격 140% (주택가격) × 90% (전세가율)

*자세한 사항은 아래의 링크를 통해 확인하실 수 있습니다.
- 공시가격알리미 https://www.realtyprice.kr
- 네이버페이 부동산 https://land.naver.com
- KB부동산 https://kbland.kr

▌전셋집 확인(임장) 및 건축물대장 확인

① 전셋집 확인하기(임장)

임장이란 현장을 직접 방문하여 매물을 확인하는 것을 말합니다. 인터넷이나 공인중개사의 설명과 다른 것이 없는지 직접 확인해야 합니다.

② 건축물대장 발급 및 확인

위반건축물은 건축물대장과 현황이 다른 것을 말하며, 불법 증·개축을 한 경우를 포함합니다. 위반건축물의 경우 전세보증보험 가입대상이 되지 않습니다. 따라서 위반건축물 여부 확인을 반드시 하고 나서 계약 여부를 결정해야 합니다. 건축물대장 발급 및 확인은 해당 관할 주민센터 또는 정부24 사이트에서 가능합니다.

* 건축물대장 발급은 아래의 링크를 통해 확인하실 수 있습니다.
- 정부24 https://www.gov.kr

세입자 보호제도 비교

구분	대항력	확정일자 임차인의 우선변제권	소액보증금 중 일정액의 우선변제권 (이하 최우선변제)
구비 요건	• 주택인도(입주) • 주민등록 전입신고	• 대항력의 요건 • 확정일자 부여	• 대항력의 요건
효력	• 상기요건 구비 시 익일 0시부터 효력 발생	• 부여받은 확정일자에 저당권을 설정한 것과 동일한 우선변제력이 인정됨 • 주택임대차보호법상 명시돼 있지는 않으나 대법원 판례에 따르면 우선변제권은 경매절차에서 1회에 한해서만 사용 가능	• 경매개시결정 기입등기 전까지 상기 요건을 구비할 경우 효력발생 • 일정범위의 보증금 중 일정액을 타 담보권자나 일반채권자보다 우선 배당
배당 요구권 및 시기	없음	배당요구종기일 이전까지 배당요구	배당요구종기일 이전까지 배당요구
기타	주택의 인도와 주민등록의 전입신고 등 대항력 요건은 배당요구종기까지 계속 구비하고 있어야 하며 도중에 인도하거나 주민등록을 이전한 사실이 밝혀지면 우선변제권을 상실하여 배당에서 제외되나 임차권등기 완료 시에는 퇴거해도 우선변제권이 유지됨		

다음 문제를 풀어보며 학습한 내용을 잘 이해했는지 확인해 봅시다.

01 | '전세가율'의 의미와 전세계약 전 전세가율을 확인해야 하는 이유를 두 가지 서술하세요.

02 | 위반건축물 여부를 확인할 수 있는 서류에 대해 서술하세요.

03 | '임장'이란 무엇이며, 전세 계약을 체결하기 전에 임장을 반드시 해야 하는 이유를 서술하세요.

04 | '담보물건설정일'에 대하여 서술하세요.

05 | 대항력, 우선변제권, 최우선변제권의 정의와 구비요건에 대해 각각 서술하세요.

CHAPTER 8

전세계약 체결

학습목표

01 | 계약 체결 전, 등기부와 등기부에 나타나지 않는 권리 확인 서류 등 공적 서류를 통해 권리관계를 확인할 수 있습니다.

02 | 계약 체결 시, 공인중개사의 역할과 계약서 작성 요령, 특약 설정 및 계약 당사자 확인 방법을 이해할 수 있습니다.

03 | 계약 체결 후, 주택임대차 신고와 확정일자 부여를 통해 임차인의 권리를 보호하는 절차를 설명할 수 있습니다.

"계약서에 도장만 찍으면 끝일까요?"

전세계약은 단순히 도장을 찍는 것으로 끝나지 않습니다. 이번 단원에서는 등기부 확인, 공인중개사 선택, 표준계약서 작성, 특약 설정, 계약신고 및 확정일자 받기까지 계약 전·계약 중·계약 후에 반드시 확인해야 할 절차를 배워봅니다.

1 계약 전

1) 등기부에 나타나는 권리 확인

전세계약을 체결하기 전에는 해당 주택의 권리관계를 꼼꼼히 확인해야 합니다. 특히 세입자(임차인)가 지급할 전세보증금보다 선순위의 권리가 존재할 경우, 계약이 종료된 이후 보증금을 온전히 돌려받지 못할 수 있습니다. 전

Check List

계약 전 - 권리관계를 잘 파악하자!

☑ **등기부에 나타나는 권리 확인하기**

- 등기부의 표제부(건물의 정보), 갑구(소유권), 을구(소유권 이외) 확인하여 권리관계를 파악해야 합니다.

☑ **등기부에 나타나지 않는 권리 확인하기**

- 등기부에 나타나지 않는 권리인 집주인(임대인)의 세금 체납 사실이나 임금 체납 여부를 파악해야 합니다.

☑ **확정일자 부여현황 및 주민등록 전입세대확인서 열람하기**

- 확정일자는 우선변제권 등 경매시 중요한 요건이 됨으로 선순위 확정일자를 확인하는 것이 바람직합니다. 또한 선순위 보증금액도 확인할 수 있어 건물 가치를 보다 정확히 파악할 수 있습니다.
- 전입세대확인서를 통해 선순위 세입자(임차인)들의 대항력 발생시기를 파악할 수 있습니다.

세보증금을 안전하게 보호받기 위해서는 등기사항을 포함한 권리관계 전반에 대한 세심한 검토가 필요합니다.

등기부는 부동산의 권리관계를 확인할 수 있는 가장 기본적이고 중요한 서류입니다. 이 서류는 표제부, 갑구, 을구로 구성되어 있으며, 각 항목을 구분하여 철저하게 살펴야 합니다.

표제부에는 해당 부동산의 외형적 사항, 즉 주소나 지번, 구조, 면적 등 외관 정보와 그 변경 내역이 기재되어 있습니다.

갑구에는 부동산의 소유권과 관련된 정보가 등재되어 있으며, 현재 소유자가 누구인지, 소유권 이전 내역은 어떤지, 소유권에 제한을 가하는 사항이 있는지를 확인할 수 있습니다.

만약 갑구에 '신탁등기'가 기재되어 있는 경우, 해당 부동산은 신탁사(수탁자) 명의로 등기된 것으로서, 집주인(임대인) 단독으로 계약을 체결할 수 없습니다. 이 경우, 반드시 신탁사의 동의가 있었는지를 확인해야 하며, 이를 위해서는 등기사항증명서에 기재된 '신탁원부'를 발급받아 열람하거나, 해당 신탁사에 직접 확인하는 절차가 필요합니다. 신탁계약의 특성상 법률적으로 복잡할 수 있으므로, 필요한 경우 전문가의 도움을 받는 것도 고려해야 합니다.

을구는 근저당권, 임차권, 전세권 등 금전적 권리나 부담이 설정된 사항

사례로 알아보는 전세 계약

문서 위조(부동산 등기부 위조)

상황

서울의 한 빌라 전세계약에서 세입자(임차인)는 공인중개사를 통해 집주인(임대인)과 임대차계약을 체결하였습니다. 이때 집주인은 위조된 부동산등기사항증명서를 제시하여 근저당권이 설정된 사실을 숨겼고, 세입자는 이를 믿고 전세금을 지급하였습니다.

그러나 몇 달 후, 세입자는 금융기관으로부터 경매 개시 통지를 받고 직접 등기사항증명서를 발급받아 확인한 결과, 근저당권이 설정되어 있었음을 알게 되었습니다. 집주인은 사기혐의로 법적 책임을 지게 되었지만, 경매 절차가 진행되면서 세입자는 전세금을 돌려받는데 큰 어려움을 겪게 되었습니다.

예방방안

전세계약을 체결할 때는 관련 서류를 반드시 임차인 본인이 직접 발급받아 확인하는 것이 좋습니다. 사기를 목적으로 위조되는 서류는 신분증, 부동산등기사항증명서, 건축물대장뿐 아니라 임대보증금보증서, 각종 세금 완납증서 등 매우 다양합니다.

특히 등기사항증명서는 계약 체결 시점뿐만 아니라 잔금을 지급하기 전에도 반드시 다시 직접 발급받아 확인하는 것이 안전합니다.

기사로 알아보는 전세 계약

빌라 122채 사들여 50억원 가로챈 전세사기 일당 송치

수도권 일대에서 '무자본 갭투자' 방식으로 다세대주택 122채를 사들여 전세 대출금 등 50억원 상당을 가로챈 일당이 검찰에 넘겨졌습니다.
이들은 서울, 경기, 인천 등에서 근저당권 설정액이나 선순위 임차인의 전세보증금 규모를 포토샵으로 위조해 시세를 조작하고 전세 계약을 체결해 보증금을 가로채는 수법 등을 쓴 것으로 조사됐습니다.
근저당권 설정액과 선순위 임차보증금 등을 포토샵으로 지우는 방식으로 위조 및 변조해 시세를 조작하고 직접 전세 계약을 체결한 뒤 보증금을 가로채는 수법을 썼습니다.

출처: 국민일보, 2025.05.07.

을 확인할 수 있는 항목입니다. 이 항목을 통해 해당 주택에 다른 채권자의 권리가 선순위로 설정되어 있는지를 확인함으로써, 세입자가 보증금을 안전하게 보호받을 수 있는지 판단할 수 있습니다.

2) 등기부에 나타나지 않는 권리 확인

등기부로 모든 위험 요소를 확인할 수 있는 것은 아닙니다. 등기부에 나타나지 않는 권리들도 존재하는데, 이 중에서도 특히 주의해야 할 것이 임금채권과 세금체납 여부입니다.

집주인(임대인)이 법인 또는 사업자일 경우, 회사의 직원들이 받지 못한 임금이나 퇴직금 등의 '임금채권'이 존재할 수 있습니다. 이 임금채권은 법적으로 배당 순위에 있어서 전세보증금보다 우선하여 변제되므로, 해당 주택이 경매로 넘어갈 경우 세입자(임차인)의 보증금이 보호받지 못할 수 있습니다. 이러한 위험을 방지하기 위해서는 계약 전 임금체불을 확인하는 것이 바람직하지만 현재로써는 세입자가 직접 확인할 방법은 마련되어 있지 않습니다. 따라서 되도록 법인이나 사업자인 집주인인 경우에는 집주인이 운영 중인 회사의 건재함을 확인할 수 있는 재무제표 등 섬세한 검토가 필요합니다.

또한, 집주인이 체납한 국세나 지방세가 있을 경우에도 이들 세금(당해세)은 전세보증금보다 우선 변제되므로 확인이 필요합니다. 따라서 세입자는 반드시 계약 전에 국세 및 지방세에 대한 '납세증명서'를 확인해야 하며, 이를 통해 세금 체납 여부를 파악해야 합니다.

만약 세금체납이 있는 경우 등기부상으로 확인할 수 있는 압류 등의 날짜보다 더욱 중요한 것이 세금의 발생한 날짜인 법정기일입니다.

갑구

순위번호	등기목적	접수	등기원인	권리자 및 기타사항
3	압류	2017년 12월 1일 제1111호	2017년 12월 1일 압류(세무과)	권리자 국 처분청 화성세무서

예를 들어, 등기 접수일은 2017년 12월 1일이지만 이 조세채권이 발생한 날짜는 이보다 1년이나 2년 전일 수 있습니다. 따라서 이 경우는 내 보증금의 대항력과 우선변제권의 취득 날짜가 2017년 12월 1일보다 앞선다고 하여도 조세채권보다 배당순위가 낮아질 수 있습니다.

임대인 세금 체납사실 확인방법

구분	국세	지방세
계약 전	- 국세 완납 증명서 발급 요청 - 집주인(임대인)의 동의를 받아 전국 세무서에 체납사실 직접 열람 가능	- 지방세 완납 증명서 발급 요청 - 집주인(임대인)의 동의를 받아 지자체에 체납사실 직접 열람 가능
계약 후 ~ 임대차기간 시작하는 날까지	- 집주인(임대인)의 동의 없이 전국 세무서에 체납사실 직접 열람 가능 ※ 1천만원 이상 계약에 한함	- 집주인(임대인)의 동의 없이 지자체에 체납사실 직접 열람 가능 ※ 1천만원 이상 계약에 한함

사례로 알아보는 전세 계약

법정기일이 중요한 이유

상황

세입자(임차인)는 2025년 결혼을 앞두고 서울 영등포구의 아파트를 신혼집으로 전세계약하였습니다. 계약 당시 공인중개사가 확인한 등기부에는 선순위 권리가 없어 안심하고 전세금을 지급한 후, 전입신고와 확정일자도 완료하였습니다. 하지만 입주 약 1년 뒤, 해당 주택이 공매에 부쳐진다는 우편을 받고 놀란 세입자는 등기부를 다시 열람해 세금체납에 따른 압류가 있었음을 알게 되었습니다. 압류 등기일은 세입자의 전입신고일보다 늦었지만, 세금의 법정기일이 전입신고일보다 앞서 있어 세입자보다 배당순위가 높았습니다. 결국 세입자(임차인)는 보증금의 절반만 배당받고 집을 비워야 했습니다.

예방방안

전입신고와 확정일자를 갖췄더라도, 체납된 세금의 법정기일이 더 빠르면 배당순위에서 밀릴 수 있습니다. 따라서 등기부등본에서 압류 내역을 확인했다면, 단순히 등기일만 보지 말고 한국자산관리공사(온비드)에 연락해 해당 압류건의 법정기일을 반드시 확인해야 합니다. 이는 등기부만으로는 확인이 어려우므로, 온비드(https://www.onbid.co.kr/)의 담당자에게 전화 문의를 통해 직접 확인해야 합니다.

기사로 알아보는 전세 계약

사기당한 집이 '내 집'이 됐다, 매일이 지옥이다

입주 1년 3개월 뒤인 2022년 6월 은행에서 한 통의 전화를 받게되었습니다. "부동산에 가압류가 걸렸는데 알고 계셨나요?"

등기부를 확인하니, 집은 세금 체납을 이유로 세무서에 압류되어 있었습니다. 집주인은 "곧 정리하겠다"며 넘겼지만 한 달 간격으로 안산, 인천 등 세무서에서 잇따라 압류를 걸어왔습니다.

2023년 3월 전세 계약 만료일, 집주인은 연락이 두절됐습니다. 들어놓은 전세반환보증보험도 없었습니다. 그나마 대항력을 가진 임차인이어서 법원을 통해 임차권등기명령과 지급명령을 신청했습니다.

전세 사기의 피해는 압류로도, 고소로도 회복되지 않습니다. 남은 방법은 강제 경매를 통한 배당금으로 손실을 보전받는 것 정도입니다. 그러나 전세사기 피해주택은 입찰자가 쉽게 나타나지 않습니다. 전세보증금이 집값과 비슷하거나 더 높은 깡통 전세가 대부분이기 때문입니다.

출처: 한국일보, 2025.05.14.

3) 주민등록 전입세대확인서 및 확정일자 부여 현황 열람

계약 전에는 해당 주택에 이미 전입한 세대가 있는지를 확인하는 것도 매우 중요합니다. 이를 위해 '주민등록 전입세대확인서'를 열람해야 하며, 이는 집주인(임대인)의 동의가 있어야만 열람이 가능합니다.

특히 다가구주택의 경우, 등기사항증명서에는 주택 전체에 대한 권리만 기재되어 있고, 각 세대별 정보는 확인할 수 없기 때문에 더욱 주의가 필요합니다.

기존 입주자 중 선순위 세입자(임차인)가 있을 경우 그 보증금이 우선하여 변제되므로, 세입자는 반드시 '확정일자 부여 현황'을 발급받아 선순위 세입자의 보증금을 확인하고, 이를 전입세대확인서와 비교해 일치 여부를 검토해야 합니다.

계약 체결 전에 이러한 문서를 확인하려면 집주인의 동의가 필요하며, 계약 체결 이후에는 신분증과 계약서를 지참하여 관할 주민센터(행정복지센터)를 직접 방문하면 관련 행정서류를 열람할 수 있습니다.

주민등록 전입세대확인서 발급방법

- 전입세대확인서는 임대차계약 전 집주인(임대인)에게 요청하거나 동의를 얻어 세입자(임차인)가 관할 주민센터에서 발급받을 수 있습니다.

확정일자 부여현황 발급방법

- 확정일자 부여현황은 집주인(임대인)의 동의를 받아 주민센터 또는 법원등기소, 온라인 대법원 인터넷 등기소(http://www.iros.go.kr)에서 발급받을 수 있습니다.

사례로 알아보는 전세 계약

확정일자 부여 현황의 필요성

상황

세입자(임차인) A씨는 다가구주택을 전세로 계약하며 계약금을 지급했으나, 집주인(임대인)이 공인중개사와 공모하여 동일한 주택에 대해 A씨를 포함한 총 4명의 세입자와 다중계약을 체결한 사실이 밝혀졌습니다. 집주인은 각 세입자로부터 계약금을 받은 뒤 공인중개사와 함께 잠적 했습니다.

예방방안

하나의 주택에 대해 여러 세입자(임차인)와 다중계약을 체결하는 전세사기 유형입니다. 법적으로 계약을 여러 사람과 체결하는 것을 막을 방법은 없습니다. 따라서 이런 사기를 미리 확인할 방법은 확정일자 부여 현황을 확인하는 것 외에는 마땅한 방법이 없는 것이 현실입니다. 다만 다른 공인중개사 사무소에서는 확인할 수 없는 매물이나 현재 비어 있는 주택의 경우 조금 더 주의하는 것이 필요하며, 미심쩍은 경우 잔금을 임차한 주택에서 만나서 지급하는 것도 피해를 예방하는 방법입니다.

기사로 알아보는 전세 계약

'확정일자 현황'도 신종사기 악용...대법 "개선 착수"

대법원이 관리하는 공문서인 '확정일자 부여현황'도 제도상의 커다란 허점으로 인해 사기에 악용된 것으로 YTN 취재 결과 드러났습니다.
이런 사기가 가능했던 건 '확정일자 부여 현황' 발급 과정에 큰 허점이 있어 마음만 먹으면 얼마든지 확정일자를 받은 세입자가 없는 것처럼 공문서 발급이 가능하기 때문입니다.
동료 기자의 도움을 받아 살고 있는 집의 확정일자 부여현황을 대법원 인터넷 등기소에서 직접 떼봤습니다.
'804호'와, '제8층 제804호', 사실상 같은 주소나 다름 없는데, 이렇게 조금만 달리 신청해도 하나는 세입자가 있지만, 다른 하나는 세입자가 없는 것처럼 정반대 결과의 공문서가 발급됩니다.
주민센터에 확정일자를 신청할 때 제출한 주소와 조금이라도 다르거나, 도로명 주소와 지번 주소 중 등록되지 않은 주소 등으로 신청할 경우 아예 발급되지 않는 게 아니라, 세입자가 없는 것처럼 발급된다는 게 대법원의 설명입니다.

출처: YTN, 2022.03.27.

2 계약 시

1) 공인중개사무소 선택 및 정상영업 확인

전세계약을 체결할 때에는 중개사무소가 정식으로 등록된 곳인지 반드시 확인해야 합니다. 공인중개사가 관련 법령에 따라 자격을 갖추고 정식으로 등록된 상태여야만, 계약의 안정성과 신뢰성을 보장받을 수 있습니다.

공인중개사로서 정상적인 영업을 하기 위해서는 여러 가지 필수 서류가 갖추어져 있어야 합니다. 확인해야 할 주요 서류로는 공인중개사 자격증, 중개사무소 개설등록증, 공제증서, 사업자등록증이 있습니다. 이러한 서류들은 중개사무소 내에 누구나 볼 수 있도록 보기 쉬운 위치에 비치되어 있어야 하며,

Check List

계약 시 - 소유자와 계약하는 것을 잊지 말자!

☑ 공인중개사 정상 영업 여부 확인하기

- 공인중개사 자격증, 사무소 개설등록증, 공제증서, 사업자등록증 등을 확인해야 합니다. 이는 브이월드 디지털트윈국토(www.vworld.kr)에서 부동산중개업소 조회가 가능합니다.

☑ 특약 설정하기(필수는 아니지만 권장)

- 확정일자 및 전입신고 다음날까지 담보권 등 설정 금지나 위반시 즉시 계약해지 및 손배배상 특약 등을 설정하여 계약 후 입주 다음날까지 권리관계 변동에 대응할 수 있도록 조치해주는 것이 안전합니다.

☑ 집주인(임대인)이 계약자와 일치하는지 확인하기

- 주민등록증, 여권 진위 여부는 정부24나 국번없이 1382로 전화하면 알 수 있습니다.
- 운전면허증 진위 여부는 도로교통공단 안전운전 통합민원에서 확인할 수 있습니다.

☑ 대리인의 위임 권한과 범위 확인하기

- 대리인의 신분 확인도 집주인(임대인)의 신분을 확인했던 것과 동일하게 확인해야 합니다.
- 대리인의 신분을 확인했다면 위임의 권한이 있는지, 위임의 범위를 확인하기 위해 위임장을 반드시 확인해야 합니다.

이를 통해 공인중개사가 정상적으로 영업 중인지 직접 확인할 수 있습니다.

또한 국토교통부가 운영하는 브이월드(https://www.vworld.kr)의 부동산 중개업 조회 서비스를 활용하면, 해당 공인중개사가 실제 등록된 사업자인지를 온라인상에서 확인할 수 있습니다.

계약 과정에서 공인중개사로부터 제공받아야 할 서류는 거래계약서, 중개대상물 확인·설명서, 공제증서, 영수증이 있습니다. 이 중 '중개대상물 확인·설명서'는 해당 주택의 권리관계, 건물 구조, 하자 여부 등 중요한 사항을 중개사가 설명하고 확인해주는 문서로, 전세계약 전 반드시 교부받고 내용을 확인해야 합니다.

① 필수 확인 서류

전세계약을 진행할 때 신뢰할 수 있는 공인중개사와 거래하는 것은 매우 중요합니다. 이를 위해 다음과 같은 서류를 반드시 확인해야 합니다.

첫째, 공인중개사 자격증입니다. 공인중개사 자격증은 중개업을 하기 위해 반드시 소지해야 하는 자격증이며, 이를 보유하지 않은 사람은 중개업을 할 수 없습니다. 중개보조원이나 분양대행 등 다른 명칭으로 중개 행위를 하는 경우는 불법이므로 주의가 필요합니다. 공인중개사 정규 시험을 통과하고, 실무교육과 연수교육을 모두 이수한 공인중개사인지 여부를 반드시 확인해야 합니다.

둘째, 중개사무소 개설등록증입니다. 이 등록증은 해당 사무소가 정식으로 등록되어 있는지를 보여주는 서류로, 합법적으로 중개업을 운영하는지 확인할 수 있는 자료입니다. 중개사무소의 등록 여부는 브이월드(https://www.vworld.kr)를 통해 공식적으로 조회할 수 있습니다.

셋째, 공제증서입니다. 공제증서는 공인중개사의 고의나 과실로 인해 계약자에게 손해가 발생했을 경우, 공인중개사협회 또는 보증보험회사가 해당 손해를 대신 보상해준다는 내용의 증명서입니다. 공제증서가 반드시 발급되어 있어야 하며, 이때 보증 기간이 유효한지, 공인중개사 명의와 같은 서류의 내용이 정확한지도 함께 확인해야 합니다.

넷째, 사업자 등록증입니다. 사업자 등록증은 중개사무소가 정식으로 사업자 등록을 마쳤는지를 나타내는 서류로, 중개사무소 개설등록증과 함께 반드시 확인해야 합니다. 이 서류는 해당 중개업체가 합법적으로 부동산 거래를 수행할 수 있는지를 보여주는 자료이므로, 안전한 거래를 위해 반드시 확인이 필요합니다.

② 공인중개사의 역할

공인중개사란 일정한 수수료를 받고 토지나 주택과 같은 부동산에 대해 거래 당사자 간의 매매, 임대차 등을 연결하고 중개하는 전문가를 말합니다. 아무나 공인중개사라고 할 수 있는 것은 아닙니다. 공인중개사는 국가에서 시행하는 공인중개사 시험에 합격하여 자격을 취득한 사람으로, 이 자격을 얻고 시·도지사가 실시하는 실무 교육까지 마쳐야 비로소 중개사무소를 열 수 있습니다.

공인중개사는 계약서를 작성할 때 세입자(임차인)에게 중요한 사항들을 설명해야 할 의무가 있습니다. 설명에는 해당 주택의 권리관계에 대한 내용이 포함되며, 예를 들어 집주인(임대인)의 세금 체납 여부나 기존 세입자(임차인)의

사례로 알아보는 전세 계약

중개보조원과 한 계약

상황

세입자(임차인)는 전세 계약을 위해 공인중개사 사무소를 방문했지만, 중개보조원을 공인중개사로 착각하고 계약을 진행했습니다. 중개보조원은 공인중개사를 사칭하며 계약서를 작성하고 계약금을 중개보조원 개인 계좌로 입금받은 뒤 잠적했습니다. 집주인(임대인)과 공인중개사는 해당 중개보조원에게 계약 권한을 넘긴 적이 없으며 중개보조원의 단독 사기라며 전세금 반환 책임을 부인하고 있습니다.

예방방안

계약서를 작성할 자격이 없는 중개보조원과 전세계약을 체결하고 피해를 입는 경우가 있습니다. 세입자(임차인)는 계약 전 반드시 계약서를 작성하는 사람이 중개 자격이 있는 공인중개사인지 확인하고, 공제증서 등 관련 서류와 절차를 철저하게 검토해야 합니다.

보증금 액수 등이 이에 해당합니다. 이러한 정보는 세입자의 보증금이 안전하게 보호받을 수 있는지를 판단하는 데 중요한 기준이 됩니다. 또한, 최우선변제금의 범위, 임대보증금 보증제도 등 세입자를 보호하기 위한 제도들에 대한 안내도 필요합니다. 이와 더불어, 계약하려는 주택의 관리비 금액과 세부 항목, 그리고 관리비가 어떻게 산정되어 부과되는지에 대한 설명도 이루어져야 합니다.

여기서 주의해야 할 점은 공인중개사사무소에서 일하는 모든 사람이 공인중개사는 아닙니다. 부동산 중개보조원이라는 직책이 있는데, 이들은 공인중개사 자격증이 없는 사람으로서 개업한 공인중개사사무소에 소속되어 부동산 현장 안내나 일반적인 사무 처리 등 단순한 업무를 돕는 역할을 합니다. 따라서 공인중개사의 도움을 받을 때에는 안내하는 사람이 공인중개사인지, 아니면 중개보조원인지 확인하는 것이 중요합니다.

계약할 때 공인중개사가 제공하는 필수 서류

1. 거래계약서
2. 중개대상물 확인 · 설명서
3. 공제증서
4. 영수증

기사로 알아보는 전세 계약

전세 사기 속 찜찜한 부동산 거래…'공인중개사 행세' 보조원들 여전

A씨는 부동산 플랫폼 서비스에 올라온 매물을 보고 서울 은평구의 한 부동산 중개사무소에 전화를 걸었습니다. 대표 공인중개사는 여성이였지만 전화를 받아 응대한 이는 남성이었습니다.

며칠간 이 남성과 집을 둘러본 A씨가 계약서에 특약 등을 요구하자 본인을 공인중개사라고 소개했던 남성은 내용을 전혀 이해하지 못했습니다. 전세사기 불안감에 A씨가 '서울부동산 정보광장'에서 조회했더니 이 남성은 공인중개사가 아니라 중개보조원이었습니다.

출처: 서울신문, 2024.05.27.

③ 공인중개사를 통한 거래의 장점

공인중개사는 부동산 시장과 거래에 대한 전문적인 지식을 가지고 있으며, 계약서 작성과 관련된 법률을 잘 알고 있어 거래하는 사람들이 법적으로 안전하게 보호받을 수 있도록 돕습니다. 복잡하고 어려운 등기부, 건축물대장과 같은 필수 서류를 꼼꼼하게 확인하여 세입자(임차인)의 권리관계 등 중요한 정보를 정확하게 알려주는 역할을 합니다.

또한 계약을 체결한 후에 발생할 수 있는 여러 가지 문제들(예를 들어, 보증금 반환 문제, 시설 유지 보수 문제 등)에 대해 중립적인 입장에서 조언을 해주고, 만약 법적인 절차를 밟아야 하는 상황이 생기면 적절한 도움을 줄 수도 있습니다. 또한, 좋은 공인중개사는 직접 발로 뛰며 괜찮은 매물을 찾아 세입자에게 소개함으로써 집을 찾는 시간을 절약해 주고, 계약 과정도 효율적이고 빠르게 처리해 줍니다.

2) 주택임대차표준계약서의 사용

전세계약을 체결할 때에는 국토교통부와 법무부가 공동으로 제정한 주택임대차표준계약서를 사용하는 것이 바람직합니다. 이 계약서는 법무부 홈페이지를 통해 누구나 자유롭게 내려받을 수 있으며, 계약의 핵심 내용을 빠짐없이 포함하고 있어 전세보증금 보호를 위한 기본적인 장치로 작용합니다.

표준계약서에는 '대항력과 우선변제권 확보방법', '보증금 증액시 증액 부분 보호방법' 등 주택임대차보호법상 임차인보호규정 등에 대한 정보 등 세입자(임차인)에게 중요한 내용이 포함되어 있습니다. 이를 활용하면 계약 당사자 간의 권리와 의무를 명확히 할 수 있으며, 전세사기를 예방하는 데에도 효과적입니다.

또한, 집주인(임대인)이 임대사업자인 경우에는 표준임대차계약서를 작성해야 합니다. 이 계약서는 「민간임대주택에 관한 특별법」 제47조에 따라 반드시 작성해야 하는 법정 의무 계약서이며, 일반적인 주택임대차표준계약서와는 다르게 임대사업자의 책임사항과 의무가 규정되어 있습니다.

이 계약서는 법무부가 국토교통부·서울시 및 관련 전문가들과 함께 민법, 주택임대차보호법, 공인중개사법 등 관계법령에 근거하여 만들었습니다. **법의 보호를 받기 위해 [중요확인사항](별지1)을 꼭 확인하시기 바랍니다.**

주택임대차표준계약서

☐ 보증금 있는 월세
☐ 전세 ☐ 월세

임대인( )과 임차인( )은 아래와 같이 임대차 계약을 체결한다

[임차주택의 표시]

소재지	(도로명주소)			
토지	지목		면적	m²
건물	구조 · 용도		면적	m²
임차할부분	상세주소가 있는 경우 동 · 층 · 호 정확히 기재		면적	m²

미납 국세	**선순위 확정일자 현황**	**확정일자 부여란**
☐ **없음** (임대인 서명 또는 날인 ____________) ☐ **있음**(중개대상물 확인 · 설명서 제2쪽 II. 개업 공인중개사 세부 확인사항 '⑨ 실제 권리관계 또는 공시되지 않은 물건의 권리사항'에 기재)	☐ **없음** (임대인 서명 또는 날인 ____________) ☐ **해당 있음**(중개대상물 확인 · 설명서 제2쪽 II. 개업 공인중개사 세부 확인사항 '⑨ 실제 권리관계 또는 공시되지 않은 물건의 권리사항'에 기재)	

유의사항 :미납국세 및 선순위 확정일자 현황과 관련하여 개업공인중개사는 임대인에게 자료제출을 요구할 수 있으나, 세무서와 확정일자부여기관에 이를 직접 확인할 법적권한은 없습니다. ※ 미납국세·선순위확정일자 현황 확인방법은 "별지참조

[계약내용]

제1조(보증금과 차임) 위 부동산의 임대차에 관하여 임대인과 임차인은 합의에 의하여 보증금과 차임 및 관리비를 아래와 같이 지불하기로 한다.

보증금	금 원정(₩)
계약금	금 원정(₩)은 계약시에 지불하고 영수함. 영수자 (인)
중도금	금 원정(₩)은 ______ 년 ______ 월 ______ 일에 지불하며
잔금	금 원정(₩)은 ______ 년 ______ 월 ______ 일에 지불한다
차임(월세)	금 원정은 매월 일에 지불한다(입금계좌:)

제2조(임대차기간) 임대인은 임차주택을 임대차 목적대로 사용 · 수익할 수 있는 상태로 년 월 일까지 임차인에게 인도하고, 임대차기간은 인도일로부터 ______ 년 ______ 월 ______ 일까지로 한다.

제3조(입주 전 수리) 임대인과 임차인은 임차주택의 수리가 필요한 시설물 및 비용부담에 관하여 다음과 같이 합의한다.

수리 필요 시설	☐ 없음 ☐ 있음(수리할 내용:)
수리 완료 시기	☐ 잔금지급 기일인 ______ 년 ______ 월 ______ 일까지 ☐ 기타 ( )
약정한 수리 완료 시기까지 미 수리한 경우	☐ 수리비를 임차인이 임대인에게 지급하여야 할 보증금 또는 차임에서 공제 ☐ 기타( )

제4조(임차주택의 사용·관리·수선)

① 임차인은 임대인의 동의 없이 임차주택의 구조변경 및 전대나 임차권 양도를 할 수 없으며, 임대차 목적인 주거 이외의 용도로 사용할 수 없다.

② 임대인은 계약 존속 중 임차주택을 사용·수익에 필요한 상태로 유지하여야 하고, 임차인은 임대인이 임차주택의 보존에 필요한 행위를 하는 때 이를 거절하지 못한다.

③ 임대인과 임차인은 계약 존속 중에 발생하는 임차주택의 수리 및 비용부담에 관하여 다음과 같이 합의한다. 다만, 합의되지 아니한 기타 수선비용에 관한 부담은 민법, 판례 기타 관습에 따른다.

임대인부담	(예컨대, 난방, 상하수도, 전기시설 등 임차주택의 주요설비에 대한 노후·불량으로 인한 수선은 민법 제623조, 판례상 임대인이 부담하는 것으로 해석됨)
임차인부담	(예컨대, 임차인의 고의과실에 기한 파손, 전구 등 통상의 간단한 수선, 소모품 교체 비용은 민법 제623조, 판례상 임차인이 부담하는 것으로 해석됨)

④ 임차인이 임대인의 부담에 속하는 수선비용을 지출한 때에는 임대인에게 그 상환을 청구할 수 있다.

■ 민간임대주택에 관한 특별법 시행규칙 [별지 제24호서식] 〈개정 2025. 6. 4.〉

표준임대차계약서

임대사업자와 임차인은 아래의 같이 임대차계약을 체결하고 이를 증명하기 위해 계약서 2통을 작성하여 임대사업자와 임차인이 각각 서명 또는 날인한 후 각각 1통씩 보관한다.

※ 개업공인중개사가 임대차계약서를 작성하는 경우에는 계약서 3통을 작성하여 임대사업자, 임차인, 개업공인중개사가 각각 서명 또는 날인한 후 각각 1통씩 보관한다.

계약일: 년 월 일

1. 계약 당사자

임대사업자	성명(법인명)	(서명 또는 인)		
	주소 (대표 사무소 소재지)			
	주민등록번호 (사업자등록번호)		전화번호	
	임대사업자 등록번호			
임차인	성명(법인명)	(서명 또는 인)		
	주소			
	주민등록번호		전화번호	

2. 공인중개사(개업공인중개사가 계약서를 작성하는 경우 해당)

개업공인 중개사	사무소 명칭			
	대표자 성명	(서명 및 인)		
	사무소 소재지			
	등록번호		전화번호	
	소속공인중개사	(서명 및 인)		

◈ **해당 주택은** 「민간임대주택에 관한 특별법」(이하 "법"이라 한다)에 따라 **임대사업자가 시장·군수·구청장에게 등록한 민간임대주택**으로서 **다음과 같은 사항이 적용**됩니다.

- **임대의무기간 중 민간임대주택 양도 제한**(법 제43조)
  - **임대사업자는** 「민간임대주택에 관한 특별법 시행령」 제34조제1항에 따른 시점부터 법 제2조제4호 또는 제5호**에 따른 기간 동안 해당 민간임대주택을 계속 임대해야 하며, 그 기간 동안에는 양도가 제한**됩니다.
- **임대료 증액 제한**(법 제44조)
  - **임대사업자는** 해당 민간임대주택에 대한 임대료의 증액을 청구하는 경우 **임대료의 5퍼센트의 범위에서** 주거비 물가지수, 인근 지역의 임대료 변동률, 임대주택 세대수 등을 고려하여 「민간임대주택에 관한 특별법 시행령」 제34조의2에 따른 **증액비율을 초과하여 청구할 수 없습니다.**
  또한, **임대차계약 또는 임대료 증액이 있은 후 1년 이내에는 그 임대료를 증액할 수 없습니다.**
- **임대차계약의 해제·해지 등 제한**(법 제45조)
  - **임대사업자는** 임차인이 의무를 위반하거나 임대차를 계속하기 어려운 경우 등의 사유가 발생한 때를 제외하고는 임대사업자로 등록되어 있는 기간 동안 임대차계약을 해제 또는 해지하거나 재계약을 거절할 수 없습니다.
  - **임차인은** 시장·군수·구청장이 임대주택에 거주하기 곤란한 정도의 중대한 하자가 있다고 인정하는 경우 등에 해당하면 **임대의무기간 동안에도 임대차계약을 해제·해지할 수 있습니다.**

210mm×297mm[백상지 80g/㎡]

주택임대차표준계약서와 표준임대차계약서

구분	주택임대차표준계약서	표준임대차계약서
사용대상	일반적인 주택 임대차	임대사업자가 등록한 임대주택
법적의무여부	의무는 아닌 권장 사용	법정 의무 계약서
특징	주택임대차 보호법에 근거하여 보증금 보호에 유리함	임대사업자가 임대주택 계약시 반드시 작성해야 함

정리하면, 주택임대차표준계약서는 누구나 사용할 수 있는 일반용 계약서이며, 표준임대차계약서는 등록 임대사업자가 임대하는 주택에 한하여 반드시 작성해야 하는 계약서입니다. 계약 시 이 두 계약서의 성격과 차이를 명확히 이해하고, 해당 상황에 맞는 계약서를 사용해야 합니다.

3) 특약 설정

전세계약에서 '특약'이란 일반적인 임대차계약서의 조항 외에, 집주인(임대인)과 세입자(임차인)가 개별적으로 합의한 추가적인 조건을 계약서에 포함시키는 것을 의미합니다. 즉, '따로' 적어 넣는 약속이라고 할 수 있습니다.

이는 계약 당사자 간의 특별한 상황이나 요구사항을 반영하여, 보다 구체적이고 명확한 계약 내용을 구성할 수 있도록 도와줍니다.

특약은 단순히 계약서를 보완하는 수준을 넘어서, 집주인과 세입자의 권리와 의무를 명확히 규정하고, 향후 발생할 수 있는 분쟁을 사전에 예방하는 역할을 합니다. 따라서 특약은 반드시 신중하게 설정해야 하며, 모든 조건은 서면으로 계약서에 명확하게 기재되어야 합니다.

특히 특약은 계약을 해지하거나 전세보증금을 보호하는 데 근거가 될 수 있으므로, 세입자는 자신에게 불리한 조건은 피하고 유리한 방향으로 특약을 설정하는 것이 바람직합니다. 예를 들어, 주택의 물리적인 부분을 수리하여 준다는 특약이나, 세입자의 권리를 해하는 제한 물권이 추가로 설정되지 않도록 제한하거나, 집주인이 일정 조건을 위반할 시 계약을 해지할 수 있도록 하는 등의 조항이 이에 해당합니다.

다음은 특약의 구체적인 예시입니다.

세입자에게 불리한 특약 예시

- "해당 주택은 업무용으로, 전입신고는 불가하며 전입신고로 인해 집주인(임대인)에게 손해가 발생할 경우 이에 대한 책임은 세입자(임차인)가 전부 부담한다."

  이와 같은 특약은 세입자(임차인)의 대항력 및 우선변제권 확보에 필수적인 전입신고를 제한하여 세입자에게 매우 불리하게 작용할 수 있습니다.

세입자에게 유리한 특약 예시

- "현 등기사항증명서상 근저당권 1건, 채권최고액 금 100,000,000원이 있는 상태의 계약이며, 잔금 시 상환 및 말소하기로 하고, 임차기간 동안 세입자의 권리를 해하는 제한물권을 설정하지 않기로 한다. 집주인(임대인)이 이 특약을 위반하는 경우, 세입자는 계약을 즉시 해지할 수 있으며, 집주인은 받은 계약금의 배액을 세입자에게 손해배상으로 지급해야 한다."
- "집주인은 세입자가 2025년 10월 5일 입주 전까지 도배 및 장판 수리를 해주어야 한다. 만약 입주 전까지 장판 교체 및 도배 수리를 이행하지 않을 경우 비용 청구 또는 계약 해지할 수 있다."

  이와 같은 특약은 세입자의 보증금 보호에 도움이 되며, 집주인의 계약 불이행 시 책임을 명확히 할 수 있습니다.

또한 가장 중요한 것은, 특약 사항이 실제로 이행되지 않았을 경우를 대비하여 '계약 즉시 파기를 위한 조항'을 함께 포함하는 것입니다. 이를 통해 세입자는 잔금을 지급하기 전이라면 언제든 계약을 철회할 수 있는 법적 기반을 마련할 수 있습니다. 이러한 특약 조항은 단순한 구두 합의로 끝나지 않도록 계약서에 반드시 명시적으로 기재해야 하며, 계약 불이행 시 법적 보호를 받을 수 있는 근거로 작용합니다.

사례로 알아보는 전세 계약

선순위 근저당권을 말소하기로 한 특약조건 불이행

상황

세입자(임차인)는 다세대주택을 전세로 계약하며, 계약서에 명시된 "잔금 지급 후 선순위 근저당권을 말소하겠다"는 집주인(임대인)의 특약을 믿고 잔금을 지급했습니다. 그러나 잔금을 모두 지급한 이후에도 집주인은 근저당권을 말소하지 않았습니다. 세입자는 특약 위반을 이유로 계약 해제를 통보했으나, 집주인은 응하지 않고 법적 절차를 진행하라는 입장입니다. 경매를 진행하는 경우 선순위 근저당 때문에 보증금을 전부 돌려받기는 어려운 상황입니다.

예방방안

특약은 계약하는 과정에서 계약 당사자 간 특별하게 합의하는 사항을 의미합니다. 계약서에 명시를 하면 계약의 내용을 명확히 할 수 있고, 문제가 생기는 경우 법적 절차를 진행하는 데 유리하다는 장점이 있습니다. 다만 위의 사례처럼 특약을 계약서에 명기하였더라도 이행이 안 되고 계약 해지통보를 하였어도 보증금의 반환이 이루어지지 않는 경우가 많아 주의가 필요합니다. 특약을 맹신하기보다는 특약의 이행을 담보할 방안을 확보하는 것이 더 중요합니다.

기사로 알아보는 전세 계약

집주인이 근저당 말소 특약사항 위반...임차인이 전세 계약 해지할 수 있나?

A씨가 전세 계약을 하는데 해당 주택에 1억 5,000만원 근저당이 설정돼 있었습니다. 그래서 특약사항에 '근저당 전액 말소하고, 계약 기간 중 다른 권리를 발생시키지 않는다'는 내용을 넣어 전세 계약을 진행했습니다.

막상 이사하고 나니 집주인이 경제 사정이 안 좋다는 이유로 근저당을 9,000만 원만 말소해, 6,000만 원이 남아 있는 상황입니다.

A씨가 불안해서 여러 번 근저당 말소를 재촉했지만, 4개월이 지나도록 이행하지 않고 있습니다.

A씨가 얼마 전 등기부를 한번 떼보니 세금 체납으로 국세 압류까지 되어 있었습니다. 집주인을 신뢰할 수 없게 된 A씨는 집주인의 전세 계약 특약 위반을 이유로 전세계약 해지

를 통보했습니다.
국세 압류의 경우 빠른 시간에 공매 절차가 진행되므로 조속히 변제해야 하며, 전세 주택이 국세 압류된 상태라면, 위험할 수도 있습니다.

출처: 로톡뉴스, 2024.10.18.

4) 계약당사자 확인

전세계약을 체결할 때 가장 먼저 확인해야 할 사항은 집주인(임대인)과 계약자가 동일한 사람인지 여부입니다. 집주인의 인적사항과 계약자의 신분이 일치하지 않을 경우, 타인이 허위로 계약을 시도하는 사기 행위가 발생할 수 있기 때문에, 반드시 집주인의 신분증을 직접 확인해야 합니다. 이름이나 생년월일이 같더라도 다른 사람이 계약을 체결할 수 있으므로, 얼굴을 확인하는 것만으로는 부족하며, 공식 신분증의 확인이 필수적입니다.

또한 신분증을 제시받았다면, 그것이 정상적으로 발급된 진짜 신분증인지 확인하는 절차도 중요합니다. 주민등록증은 정부24 홈페이지 또는 국번 없이 1382번으로 전화하여 진위 여부를 확인할 수 있습니다. 운전면허증의 경우 도로교통공단의 안전운전 통합민원 사이트를 통해 확인이 가능하며, 여권은 정부24의 여권정보진위확인서비스를 통해 진위 여부를 확인할 수 있습니다.

계약 당사자가 2인 이상 공동명의의 소유자인 경우에는, 공동소유자 모두와 계약을 체결하는 것이 안전합니다. 일부 소유자의 동의만으로 계약을 체결할 경우, 향후 소유권 분쟁이나 계약 무효의 위험이 존재하기 때문입니다. 또

기사로 알아보는 전세 계약

집주인 신분증, 알고 보니 동명이인...내 전세금 지키는 법

2022년 8월 전세 계약을 체결했습니다. 전세 계약을 체결할 때 등기부의 주택 소유자와 직접 만나 공인중개사 사무소에서 계약을 진행했습니다. 전세사기가 걱정돼 주인의 신분증 위조 여부도 확인했는데 문제없었습니다. 이후 입주일이 돼 잔금을 입금하고 이사를 하려니 다른 사람이 입주한 상태였습니다. 신분증을 확인했던 주택의 소유자는 나이가 비슷한 동명이인이었습니다.

집주인 신분증 확인도 중요합니다. 신분증만 확인하는 게 아니라, 주인이라고 나온 사람의 신분증에 나온 주민등록번호를 등기부에 기재된 소유자의 주민등록번호와 비교해봐야 합니다.

출처: 동아일보, 2024.02.15.

기사로 알아보는 전세 계약

요즘 '전세 사기'에 악용되고 있는 '삼행시 통장'... 조심해도 걸려들 수밖에 없는 이유

전세 사기 수법이 갈수록 교묘해지면서 단체통장을 악용한 신종 사기가 등장해 주의가 요구됩니다.

최근 온라인 커뮤니티에는 전세사기에 이용되고 있는 이른바 '삼행시 통장'을 조심해야 한다는 글이 올라왔습니다. 글에 따르면 "부동산 말만 믿지 말고 등기부등본과 건축물대장은 무조건 확인하고 계약금 이체할 때 '집주인'에게 넣으라고 강조했습니다. 그러면서 또 한 가지를 당부했습니다. 바로 '삼행시 통장'을 조심해야 한다는 것입니다. 집주인 이름이 '이선주'라면 집주인의 이름으로 삼행시를 만드는 겁니다. 예를 들어 '이 시대를 선도하는 주인공' 이라는 식으로 '이선주' 이름으로 모임통장을 만들 수 있다며 계약금을 보낼 때 계좌번호 말고 통장 사본을 받으라고 덧붙였습니다.

이처럼 집주인의 이름을 딴 단체통장을 개설해 임차인으로부터 전세금을 편취하는 방식이 최근 부동산 사기로 유행하고 있습니다.

출처: 인사이트, 2025.03.04.

한 집주인이 법적 행위능력을 갖추었는지도 함께 확인해야 합니다. 집주인이 법인인 경우에는 법인등기부(법인증명서)와 법인인감증명서를 요구하여 해당 법인이 실제로 계약 체결 권한을 가지고 있는지 점검해야 합니다.

이러한 절차를 통해 집주인과 계약자의 신원을 명확히 확인하면, 계약과 관련된 사기나 위조 행위를 예방할 수 있으며, 세입자(임차인)의 전세보증금을 안전하게 지킬 수 있습니다.

5) 대리인과 계약하는 경우

계약 과정에서 집주인(임대인)이 직접 나서지 않고 대리인을 통해 계약을 체결하는 경우에는 그 대리인이 정당한 권한을 위임받은 사람인지 확인해야

사례로 알아보는 전세 계약

1. 권한이 없는 자와 계약

상황

임대차계약서를 작성하는 날, 주택 소유자를 대신해 소유자의 배우자가 계약서 작성을 위해 나왔습니다. 주택을 구할 때 방문했던 집에서 소유자와 함께 보았던 기억이 있고, 배우자가 소유자의 신분증과 도장을 지참하고 나왔기 때문에, 세입자(임차인)는 의심 없이 배우자와 계약서를 작성하고 배우자 명의의 통장으로 계약금을 입금하였습니다.
그러나 입주 날짜를 확인하기 위해 소유자에게 연락했을 때, 소유자는 현재 이혼소송 준비 중이며 임대차계약 체결 사실을 몰랐다고 말했습니다. 주택을 살펴보았을 때 소유자와 함께 만났던 사람이라는 이유로 대리권 등의 증명 서류를 확인하지 않은 것이 실수였습니다.
현재 계약을 체결했던 배우자는 연락이 닿지 않고 있습니다.

예방방안

주택 임대를 위한 계약을 체결할 때는 계약서 작성자가 실제 집주인(임대인)과 일치하는지를 반드시 확인해야 합니다. 만약 일치하지 않고 대리인이 나왔다면, 그 사람에게 대리권이 있는지와 그 범위를 확인해야 합니다.

배우자나 부모, 자녀, 형제가 위임장 없이 계약서를 작성하러 나오거나 공인중개사가 관리하는 주택이라며 소유자와 통화를 연결해주는 경우도 있습니다. 이름과 나이가 비슷한 제3자가 계약서를 작성하는 경우도 있으므로 어떤 사람이 계약장소에 나오든 반드시 서면으로 된 위임장과 인감증명서를 확인하는 것이 바람직합니다.

2. 위임의 범위가 없는 위임장

상황

세입자(임차인)는 집주인(임대인)의 대리 권한을 수여받은 공인중개사와 전세계약을 체결하고 전세금을 공인중개사의 통장으로 입금하였습니다. 위임장 등 서류를 제공받아 확인하고 계약하였으나 이후 집주인으로부터 월세 미납으로 계약 해지 통보를 받았습니다. 알고 보니 집주인과는 월세계약을 체결하고 세입자와는 전세계약을 맺는 이중계약을 체결한 상태였습니다. 다시 확인한 위임장에는 위임의 범위가 명기되어 있지 않았습니다. 공인중개사는 잠적했으며, 집주인은 본인이 가지고 있는 월세계약서를 근거로 전세금 반환 책임을 부인했습니다.

예방방안

집주인(임대인)이 월세로 내놓은 주택을 공인중개사가 세입자(임차인)에게 전세로 속여 계약을 맺는 이중계약 사기 유형입니다. 세입자는 계약 전 반드시 집주인과 직접적인 확인 절차를 거쳐야 하며, 위임장을 지참하는 경우에도 위임의 범위 등을 확인해야 합니다. 공인중개사의 말을 맹신해서는 안 됩니다.

위임장의 예시

부동산에 관한 권한 위임장

■ 위임을 받은 자

성 명		주택특성자료	
주 소			
위임사유			
관 계			

■ 위임자

성 명		주택특성자료	
전화번호			
주 소			

■ 위임한 부동산의 표시

토지 (소재지, 용도지역, 지목 등)	
건물 (소재지, 구조, 면적 등)	

■ 위임한 부분, 권한 및 금액

1. 위임할 부분	
2 위임한 권한	
3. 위임한 금액	
4. 기타사항	

본인은 상기와 같이 부동산에 관한 권한을 위임합니다.

20 년 월 일

위임자 :____(인)

기사로 알아보는 전세 계약

대리인 행세하며 전월세 이중계약...수억 원 가로챈 관리소장

A씨는 2012년 10월 2일부터 올해 7월 20일까지 임대차 계약 위임장을 허위로 작성한 뒤 대리인 행세를 하며 오피스텔 임차인과는 전세 계약을 맺고 임대인에게는 이를 월세 계약인 것처럼 속여 보증금 차액을 가로채는 수법으로 모두 22차례에 걸쳐 8억 7천 500만원 상당을 가로챈 혐의를 받고 있습니다.
경찰은 A씨 등이 임차인과 전세계약을 맺고 보증금을 받은 뒤, 임대인과는 월세 계약서를 작성하는 수법으로 보증금 차액을 가로챘다고 밝혔습니다.
또 임대인에게 가로챈 보증금 일부를 월세로 송금하면서 범행을 숨겼다는 게 경찰의 설명입니다.

출처: 노컷뉴스, 2018.10.16.

합니다. 대리인과의 계약은 위임장, 인감증명서, 위임인의 신분증 사본과 대리인의 신분증을 통해 법적 정당성을 확보할 수 있습니다.

대리인이 계약을 체결하기 위해서는, 집주인이 직접 작성한 위임장의 원본이 필요합니다. 위임장에는 반드시 위임의 목적(예: 전세계약 체결 등)이 구체적으로 명시되어 있어야 하며 위임인의 인감도장 날인이 포함되어 있어야 효력이 인정됩니다.

위임장의 진위를 확인하기 위해서는 위임인의 인감증명서가 함께 제출되어야 합니다. 인감증명서를 통해 위임장에 찍힌 인감이 위임인의 실제 인감도장과 동일한지를 확인할 수 있습니다.

위임인의 신분증 사본은 위임장이 실제 집주인의 의사에 의해 작성된 것인지를 판단하는 데 사용되며, 대리인의 신분증은 대리인이 실제로 누구인지 확인하기 위해 필요합니다. 마지막으로 더 정확한 계약을 위해 위임인과 통화 연결하여 최종적으로 계약의 진위를 확인하는 것이 좋습니다.

3 계약 체결 후

전세계약이 체결되었다고 하여 모든 절차가 끝나는 것은 아닙니다. 계약을 체결한 후에도 세입자(임차인)의 권리를 안전하게 보호하기 위해 꼭 거쳐야 할 중요한 절차들이 있습니다. 이 절차들을 성실히 이행해야만 향후 보증금을 안전하게 돌려받을 수 있는 법적 권리를 확보할 수 있습니다.

Check List

계약 체결 후 - 거래 신고 후 확정일자까지 잊지 말자!

☑ **주택임대차계약 신고**

- 주민센터 방문이나 부동산거래관리시스템(rtms.molit.go.kr)을 통해 신고해야 합니다. (신고 시 확정일자 자동 부여)

☑ **확정일자 받기**

- 주택임대차계약 신고 완료 시 자동으로 부여됩니다. 거래신고를 하지 못한 경우에는 계약서를 지참하여 주민센터 또는 법원 등기소(인터넷 등기소 포함)에 방문하여 확정일자를 받을 수 있습니다.

1) 주택임대차계약 신고

주택임대차계약을 체결한 후에는 반드시 주택임대차계약 신고를 해야 합니다. 이 신고는 「부동산 거래신고 등에 관한 법률」에 따라 정해진 의무사항이며, 세입자(임차인)와 집주인(임대인) 공동으로 계약 체결일로부터 30일 이내에 신고를 완료해야 합니다. 해당 규정은 「주택임대차보호법」 제6조의2에 근거하고 있습니다.

주택임대차계약 신고 대상은 보증금 6,000만원 초과 또는 월세 30만원 초과할 시 신고 대상이 되며, 지역은 수도권, 광역시, 도(군 제외), 세종, 제주입니다.

주택임대차계약신고 기준

	내용
신고대상	- 보증금 6,000만원 초과 또는 월세 30만원 초과
신고 의무자	- 임대인+임차인(계약일로부터 30일 이내 공동 신고)
신고 방법	- 행정복지센터 방문 또는 부동산거래관리시스템 온라인 신고
과태료	- 미신고 시 최대 30만원, 거짓 신고 시 최대 100만원
과태료 기준	- 계약금액 및 신고 지연 기간에 따라 차등 부과
시행일	- 2025년 6월 1일 이후 계약부터 적용

주태임대차계약 신고필증

■ 부동산 거래신고 등에 관한 법률 시행규칙 [별지 제5호의3서식]

주택 임대차 계약 신고필증

관리번호	접수번호	접수완료일	확정일자번호
제 6520029-2024-0000044 호	제 6520029-2024-0000047 호	2024년 03월 21일	제 7000006호

구분		
임대인	성명(법인·단체명)	생년월일(법인 고유번호)
	주소(법인·단체 소재지) 서울특별시	
	전화번호	휴대전화번호
임차인	성명(법인·단체명) XXX	생년월일(법인 고유번호)
	주소(법인·단체 소재지) 제주특별자치도 서귀포시 남원읍	
	전화번호	휴대전화번호 XXX-XXXX-XXXX

임대 목적물 현황				
종류	다가구주택			
소재지(주소)	제주특별자치도 서귀포시 남원읍			
건물명	(동상일동)	동	층	
임대 면적(m²)	m²	방의 수(칸)	0	칸

임대 계약내용					
(갱신) 계약	임대료	보증금	000,000 원	변경 보증금	0 원
		월차임	0 원	변경 될 차임	0 원
	계약 기간	2024년 02월 26일 ~ 2026년 02월 26일			
	체결일	2024년 02월 26일		변경 계약 체결일	
	계약갱신요구권 행사 여부	미행사			

개업공인중개사			
사무소 명칭		사무소 명칭	
사무소 소재지		사무소 소재지	
대표자 성명		대표자 성명	
등록번호		등록번호	
전화번호		전화번호	
소속공인중개사 성명		소속공인중개사 성명	

「부동산 거래신고 등에 관한 법률」 제6조의2제4항, 제6조의3제3항 및 같은 법 시행규칙 제6조의2제7항, 제6조의3제3항에 및 제6조의4제3항에 따라 주택 임대차 계약 신고필증을 발급합니다.

2024 년 03 월 21 일

서귀포시장 서귀포시장인

담당공무원 : 김주언 (064-760-4153)

기사로 알아보는 전세 계약

6월부터 전월세 계약 후 한달 내 신고 안하면 과태료

2025년 6월부터 전월세 계약을 맺은 후 1개월 이내 지방자치단체에 신고하지 않으면 과태료가 부과됩니다. 국토교통부에 따르면 국토부는 전월세 신고제 계도기간이 2025년 5월 말 종료되어 행정 시스템을 정비하였습니다.
전월세 신고제는 보증금이 6000만 원을 넘거나 월세가 30만 원을 초과하는 전월세 계약을 맺는 경우 계약 금액, 기간 등 주요 내용을 지자체에 의무적으로 알리는 제도입니다. 계약일로부터 1개월 이내에 주민센터에 방문하거나 온라인으로 신고해야 합니다. 2020년 7월 임대차 3법(전월세상한제, 계약갱신요구권, 전월세신고제) 통과로 도입돼 2021년 6월부터 시행되었습니다.

출처: 동아일보, 2025.04.09.

주택임대차계약 신고는 계약한 주택의 관할 읍·면·동 주민센터를 방문하거나 또는 부동산거래관리시스템(https://rtms.molit.go.kr)에서 온라인으로도 신고가 가능합니다. 신고를 완료하면 주택 임대차 계약 신고필증을 부여받게 되는데 이때 우측상단에 표기된 확정일자번호를 통해 확정일자를 인정받게 됩니다.

2) 확정일자 받기

확정일자란 주택임대차계약서에 기재된 날짜를 법적 효력이 있는 날짜로 인정받기 위해 법원(등기소, 인터넷등기소)이나 주민센터에서 임대차계약서 여백에 접수 도장을 찍어주는 절차를 말합니다. 이때 기재된 날짜가 바로 확정일자가 됩니다.

임대차계약을 신고할 때 계약서를 함께 제출하면, 확정일자가 자동으로 부여되며, 이는 '임대차계약신고필증'의 우측 상단에 확정일자 번호가 기재되어 표시됩니다.

확정일자는 단순한 날짜 표시가 아니라, 전세보증금을 법적으로 우선 변제받기 위한 중요한 요건입니다. 주택이 경매에 넘어갈 경우, 확정일자가 있는 세입자(임차인)는 후순위 담보권자보다 우선적으로 보증금을 배당받을 수 있는 권리가 생깁니다. 따라서 전세사기를 예방하기 위해서라도 반드시 확정일자를 부여받아야 합니다.

3) 전세권 설정

전세권 설정은 선택적인 절차이지만 법적으로 보다 강력한 권리를 확보하고자 할 경우 유용하게 활용할 수 있습니다. 전세권이란 일정한 금액의 전세금을 지급하고 해당 부동산을 독점적으로 사용·수익할 수 있는 권리로서, 등기부에 등재함으로써 법적으로 보호받는 권리입니다.

전세권 설정을 위해서는 집주인(임대인)의 동의가 필요하며 등기부상에 전세권이 등기되어야만 효력이 발생합니다.

다음 내용을 통해 학습한 내용을 정리 해봅시다.

• 계약 전 •

권리관계확인(등기부등본 확인)

① 등기부등본 직접 발급 및 하자 여부 확인

공인중개사 측에서 제공하는 등기부등본 이외에도 본인이 직접 등기부등본을 발급받아 비교 및 대조할 필요가 있습니다. 등기부등본에는 표제부, 갑구, 을구가 있으며 갑구와 을구를 확인하여 내용 중 가처분, 가등기, 경매개시결정, 압류, 가압류, 근저당, 저당권, 전세권 등이 있으면 주의해야 합니다.

② 신탁등기 주의하기

신탁회사에 신탁 계약을 맺었다는 것이 갑구에 적혀 있으면 집주인(임대인)에게 신탁등기 내용을 확인할 수 있도록 요청해야 합니다.

*등기부등본의 발급은 아래의 링크를 통해 확인하실 수 있습니다.

- 대법원 인터넷등기소 http://www.iros.go.kr

국세 및 지방세 완납증명서

임대차 계약 시 집주인(임대인)의 세금 체납 여부를 확인할 수 있는 '국세 및 지방세 완납증명서'를 집주인에게 요구해야 합니다. 아무리 등기부상 깨끗한 집을 계약해도 체납 세금이 있는 경우 공매로 매각될 수 있으며, 세입자(임차인)의 보증금보다 체납 세금이 우선 변제될 수 있습니다. 이런 경우 보증금을 돌려받지 못하는 경우가 발생할 수 있습니다. 국세청과 시 · 군 · 구청에서는 임대차 계약 전 집주인의 동의를 얻어 임차하려는 자가 집주인의 국세와 지방세 미납을 확인할 수 있도록 하고 있습니다. 따라서 세입자는 집주인에게 '국세 및 지방세 완납 증명서'를 요구하거나 혹은 집주인의 동의를 얻어 세무서와 시 · 군 · 구청에 직접 방문하여 발급받을 수 있습니다.

국세 및 지방세 완납증명서 신청시기 및 방법

a. 신청시기

임대차 계약 전 또는 임대차 계약일까지 신청할 수 있습니다.

b. 신청방법

집주인(임대인)이 발급: 부동산 임대차 계약하기 전에 집주인(임대인)에게 국세와 지방세 완납 증명서 발급을 요구해야 합니다.

세입자(임차인)가 발급: 세입자(임차인)은 해당 기간 내에 임대차 계약서, 세입자 신분증, 등기부등본 3가지 서류를 준비해서 주민센터 또는 구청으로 가서 지방세 완납증명서를, 국세 완납증명서는 세무서를 찾아가 열람해야 합니다.

계약서 작성 전: 계약서 작성 전이라면 집주인(임대인)의 동의가 필요하며 계약서에 도장을 찍지 않았더라도 필요한 서류를 가져가면 전국 세무서(국세)와 시 · 군 · 구청 및 주민센터를 방문하여 발급받을 수 있습니다.

계약서 작성 후: 본인 신분증, 임대차계약서 등을 지참하여 방문하여 전국세무서(국세)와 시·군·구청(지방세)를 방문하여 발급받을 수 있습니다.

다가구주택의 선순위보증금 확인하기

다가구주택은 단독주택의 한 유형으로 거주가구가 여럿인 경우입니다. 만약 집이 경매로 넘어가게 됐을 때 건물 전체 호수의 보증금들이 우선순위를 다투게 될 수 있습니다. 다가구 선순위 보증금 확인을 위해 확인해야 하는 2가지 서류는 확정일자 부여 현황과 주택의 전입세대 확인서입니다.

확정일자 부여 현황과 전입세대 확인서 발급방법

a. 필요서류
- 집주인(임대인) 동의서
- 집주인(임대인) 인감증명서
- 집주인(임대인) 신분증 사본
- 임대차 계약을 하려는 자의 신분증

b. 신청방법: 동 주민센터 방문

• 계약 시 •

계약자 진위 확인

큰돈이 오고 가는 전세계약을 하기 전에 계약자의 진위여부를 확인하는 것은 아주 중요합니다. 본인과 직접 계약하는 경우와 대리인과 계약하는 경우는 확인해야 하는 사항이 다르므로 경우에 따라 확인사항을 체크해야 합니다.

① 주민등록증 위조 확인 방법

a. 전화(ARS)

국번없이 '1382'로 전화 후 안내멘트에 따라 주민등록번호와 발급일자를 입력합니다. 잠시 후 안내멘트에서 '입력하신 OOO님의 주민등록번호와 발급일자는 등록된 내용과 일치합니다'라고 나오면 위조되지 않은 주민등록증입니다.

b. '정부 24' 홈페이지

'정부24' 홈페이지에서 메인화면 상단 〈서비스〉 클릭 → 〈사실/진위확인〉 클릭 → 〈주민등록증발급상황조회〉 클릭 → 조회하고자 하는 사람의 이름과 주민등록번호 입력 → 교부완료일자가 신분증에 나와 있는 발급일자와 동일하면 위조되지 않은 주민등록증입니다.

② 운전면허증 위조 확인 방법

도로교통공단 안전운전 통합민원 → 〈면허발급 안내〉 클릭 → 맨 아래 〈운전면허 정보조회〉 클릭 → 빈칸을 순서대로 입력하고 〈다음〉 버튼

* 자세한 사항은 아래의 링크를 통해 확인하실 수 있습니다.

- 정부24 www.gov.kr
- 도로교통공단 안전운전 통합민원 www.safedriving.or.kr

대리인 시

가능하면 당사자 본인과 직접 계약을 체결하면 좋지만 당사자가 외국이나 지방에 나가 있는 경우 가족이나 지인 등 대리인이 대신 계약을 체결하는 경우가 있습니다.

① 대리인 계약 시 필요서류

- 위임의 목적이 명기된 위임장 원본(위임인의 인감도장 날인한 것)
- 위임자 신분증 사본
- 위임자 인감증명서(위임인이 발급한 것)
- 대리인(계약자) 신분증
- 대리인(계약자) 도장

② 유의사항

위임장에는 위임받은 자의 인적사항(성명, 주민등록번호, 주소, 위임사유, 관계)이 명시되어야 하며 또한 부동산의 표시(위임한 토지, 건물 등)가 나타나야 합니다. 그리고 가장 중요한 위임사항(위임 내용, 권한, 금액)이 구체적으로 명시되어야 합니다.

• 계약 후 •

주택임대차 거래신고

주택임대차 거래신고는 임대차계약 당사자인 집주인(임대인)·세입자(임차인)에게 계약의 주요내용을 신고하도록 의무를 부여하여, 임대차 시장 실거래 정보의 투명한 공개와 임차인의 권익보호를 위해 시행된 제도입니다. 주택임대차 거래신고를 하게 되면 확정일자와 같은 효력을 가지는 확정일자번호가 부여되기 때문에 우선변제권의 한 요건이 충족될 수 있습니다.

주택임대차 거래신고방법

a. 직접 방문

임차주택 소재지의 읍·면사무소, 동 주민센터로 방문하여 접수할 수 있습니다.

-필요서류: 주택임대차 계약서, 신분증

b. 인터넷 접수

국토교통부 부동산거래관리시스템에서 주택임대차거래신고 신청절차에 따라 입력하면 주택임대차거래신고를 신청할 수 있습니다.

- 필요서류: 주택임대차 계약서 스캔본, 공동인증서(구 공인인증서)
- 부동산거래관리시스템 https://rtms.molit.go.kr

확정일자

확정일자는 대항력을 갖춘 임차인이 우선변제권을 갖게 되는 요건입니다.

확정일자 받는 방법

a. 직접 방문

주택임대차계약서 원본 또는 사본을 소지하고 임차주택 소재지의 읍사무소, 면사무소, 동 주민센터 또는 시·군·구의 출장소를 방문하면 확정일자를 부여받을 수 있습니다.

b. 인터넷 접수

주택임대차계약서 원본 또는 사본 스캔본을 준비하여 인터넷등기소에서 확정일자 신청서를 절차에 따라 입력하면 확정일자를 부여받을 수 있습니다.

- 인터넷등기소 http://www.iros.go.kr

EXCERCISE

다음 문제를 풀어보며 학습한 내용을 잘 이해했는지 확인해 봅시다.

01 | 집주인(임대인)의 국세 및 지방세 완납증명서를 확인해야 하는 이유를 설명하세요.

02 | 다가구주택 전세계약 시 선순위 보증금을 확인하기 위해 발급 받아야 할 서류 두 가지와 그 이유를 설명하세요.

03 | 대리인과 계약하는 경우 주의해야 할 사항을 서술하세요.

04 | 전세계약을 맺은 이후 세입자의 권리보호를 위해 행해야 할 일을 두 가지 서술하세요.

CHAPTER 9

잔금 지급 및 입주

학습목표

01 | 잔금 지급 전, 등기사항증명서를 통해 소유자 및 권리관계의 변동 여부를 확인하고, 특약 이행 여부를 점검할 수 있습니다.

02 | 잔금 지급 시, 거래 당사자의 신원을 직접 확인하고 안전하게 송금하는 방법을 이해할 수 있습니다.

03 | 잔금 지급 후, 전입신고와 주택 인도 절차를 수행하고, 전세보증금반환보증보험에 대해 이해할 수 있습니다.

"보증금은 목돈인데.., 그냥 송금해도 되는 걸까요?"

잔금을 지급하기 전에는 소유자와 권리관계가 바뀌지 않았는지 꼭 확인해야 하며, 지급 시에는 계좌 명의도 반드시 살펴야 합니다. 이번 단원에서는 잔금 지급 전 점검 사항, 안전한 송금 요령, 전입신고 · 주택 인도 절차, 보증보험 가입 방법을 배워봅니다.

1 잔금 지급 전

1) 소유자 변동 확인하기(등기사항증명서 갑구)

잔금을 지급하기 전에는 등기사항증명서의 '갑구'를 확인하여 현재 소유자가 계약 당시의 집주인(임대인)과 동일한지 반드시 점검해야 합니다. 갑구는 해당 주택의 소유권 변동 사항을 기록한 부분으로, 소유자가 변경되었을 경우 원래 계약의 효력이 약화될 수 있습니다. 만약 소유자가 계약 당시의 집주인과 다르다면, 잔금 지급 전에 반드시 새로운 소유자와 계약서를 다시 작성해야 합니다. 또한 갑구에는 압류, 가압류, 가등기, 강제경매개시결정 등 소유권에 제한을 가하는 권리도 기재됩니다. 이러한 권리가 새로 등재되어 있지는 않은지 확인하여, 잔금 지급 후 불이익이 발생하지 않도록 주의해야 합니다.

Check List

잔금 지급 전 - 등기부에 변동된 사항 없는지 다시 확인하자!

☑ **권리관계 재확인하기**

- 등기부를 다시 발급받아 갑구와 을구의 변동사항이 없는지 확인하고, 다가구주택에서 집주인(임대인)이 건물 전체를 소유하고 있을 경우에는 확정일자 부여 현황이나 전입세대 확인서 등도 재확인 하는 것이 좋습니다.

☑ **특약 이행 여부 확인하기 (주택의 물리적 수리)**

- 주택의 물리적인 부분(도배, 장판, 집 수리)에 대한 특약을 작성하였다면, 수리된 상태에 대해 확인해야 합니다.

2) 권리관계 변동 확인하기(등기사항증명서 을구)

등기사항증명서의 '을구'에는 근저당권, 임차권, 전세권 등 임차인의 권리에 영향을 미치는 권리들이 기록되어 있습니다. 잔금을 지급하기 전에는 을구를 통해 계약 당시와 비교하여 새로운 선순위 권리가 생긴 것은 없는지 반드시 확인해야 합니다. 만약 잔금 지급 이전에 집주인(임대인)이 제3자의 채권을 담보하기 위해 근저당권을 설정하거나 다른 세입자(임차인)와 권리관계를 형성했다면, 세입자의 보증금 반환에 불이익이 발생할 수 있으므로 특히 유의해야 합니다.

3) 특약 이행 여부 확인(주택의 물리적 수리)

계약 체결 후 잔금을 지급하기 전에, 계약 당시 설정한 주택의 물리적 상태와 관련된 특약 사항이 이행되었는지를 반드시 확인해야 합니다. 도배, 장판, 리모델링, 입주 청소 등과 같은 수리에 관한 조항이 포함되어 있다면, 해당 내용이 약속대로 완료되었는지 점검한 후에 잔금을 지급하는 것이 중요합니다. 만약 이행되지 않았다면 특약의 이행을 요구해야 하며, 그럼에도 불구하고 이행되지 않을 경우에는 계약 파기를 주장할 수 있습니다.

2 잔금 지급 시

Check List

잔금 지급 시 - 집주인(임대인)과 대면으로 만나 지급하자!

☑ **집주인(임대인), 전 세입자(전 임차인)와 함께 대면으로 만나 지급하기**

- 가급적이면 집주인(임대인), 전 세입자(전 임차인)와 함께 대면으로 만나 지급하는 것이 좋습니다.

☑ **특약 이행 여부 확인(선순위 채권 말소 등)**

- 선순위 채권의 말소와 관련된 특약이 있는 경우, 해당 특약의 이행 여부를 반드시 확인해야 합니다.

☑ **소유자인 집주인(임대인)과 예금주 일치 여부 확인하기**

- 계약서에 나와 있는 계좌번호인지 확인한 후, 계좌가 소유자인 집주인(임대인)의 명의인지 확인해야 합니다.

1) 대면 확인하기

전세계약에서는 내가 지급하는 잔금으로 전 세입자(전 임차인)의 보증금을 반환하는 방식이 일반적입니다. 이러한 구조에서는 내가 송금한 보증금이 전 세입자에게 정확히 지급되어야만 집을 원활히 인도받을 수 있습니다. 만약 잔금이 전 세입자에게 전달되지 않을 경우, 집주인(임대인)과 전 세입자 사이의

갈등으로 인해 주택 인도가 지연되거나 법적 분쟁이 발생할 수 있습니다. 따라서 잔금을 지급할 때에는 집주인과 전 세입자가 함께 있는 자리에서 대면으로 진행하는 것이 바람직합니다. 이를 통해 보증금 지급의 정확성을 확인할 수 있고, 향후 발생할 수 있는 오해나 분쟁을 방지할 수 있습니다.

2) 특약 이행 여부 확인(선순위 채권 말소 등)

잔금을 지급하는 당시에는 계약 당시의 조건과 현재 상황이 달라진 점이 없는지를 최종적으로 점검하는 절차가 필요합니다. 특히 선순위 채권의 말소와 관련된 특약이 있는 경우, 해당 특약의 이행 여부를 반드시 확인해야 합니다. 만약 선순위 채권 말소가 이행되지 않았다면, 잔금을 지급하지 않고 계약의 즉시 파기를 주장해야 합니다.

사례로 알아보는 전세 계약

근저당권 말소 특약 불이행

상황

세입자(임차인)는 2021년 1월 전세계약을 체결하며, 잔금 지급 시 주택에 설정된 근저당권을 말소한다는 특약을 계약서에 명시하였습니다. 세입자는 약속대로 잔금을 지급하고 입주했지만, 집주인(임대인)은 근저당권 말소를 이행하지 않았습니다. 이후 세입자는 2022년 12월 계약 만료에 따라 전세보증금 반환을 요구했지만, 집주인은 보증금을 돌려줄 여력이 없다며 기다려달라는 말만 반복하고 있는 상황입니다. 세입자는 특약 위반을 근거로 계약 해제를 주장할 수는 있으나, 보증금 회수는 불확실한 상태입니다.

예방방안

전세계약 시 특약을 작성하더라도 집주인(임대인)이 이를 반드시 이행하는 것은 아니므로, 근저당권 말소와 같은 중요한 조건은 확실히 이행된 후 잔금을 지급하는 것이 바람직합니다. 또한 특약 위반에 대비해 보증금 반환보증보험 가입 등 추가적인 안전장치를 마련해 두는 것이 필요합니다. 계약서는 분쟁 발생시 입증자료일 뿐, 자동으로 권리를 실현해 주지는 않으므로 계약 이행 가능성을 냉정하게 판단해야 합니다.

전세보증금으로 선순위 채권을 변제하기로 한 특약이 있다면, 잔금 지급 시 은행 관계자나 채권자, 또는 해당 채권을 변제하고 근저당권 등을 말소할 법무사가 동석하여 특약이 실제로 이행되는지 직접 확인하는 것이 가장 안전한 방법입니다.

3) 잔금 지급 시 계좌 소유자 명의 확인하기

잔금을 송금하기 전에는 반드시 계약서에 기재된 계좌번호가 맞는지 확인해야 하며, 송금하려는 계좌의 예금주 명의가 실제 집주인(임대인)과 일치하는지 반드시 점검해야 합니다. 잔금을 집주인의 명의가 아닌 계좌로 송금하게 되면, 나중에 보증금 반환을 요구할 때 법적 책임 관계가 불분명해질 수 있습니다. 계약서에 명시된 계좌로 잔금을 송금한 뒤에는 해당 송금 내역을 문서로 보관하여 증빙자료로 활용하는 것이 중요합니다. 이러한 과정을 통해 전세 사기 피해를 방지하고, 내 보증금의 흐름을 명확하게 파악할 수 있습니다. 또

사례로 알아보는 전세 계약

전입신고를 하지 않을 경우 발생하는 문제점

상황

세입자(임차인)는 2025년 6월 오피스텔에 전세로 입주했지만, 사정상 전입신고를 하지 못했습니다. 계약서에는 근저당권을 설정하지 않겠다는 특약이 있었고, 입주 당시 실제로 등기부상 제한물권도 없었습니다. 그러나 집주인(임대인)은 전세계약서를 위조해 은행에서 대출을 받고 근저당권을 설정했으며, 이후 오피스텔은 경매에 넘어가게 되었습니다. 전입신고를 하지 않은 세입자는 대항력과 우선변제권을 갖지 못해 보증금도 보호받지 못한 채 퇴거 위기에 놓였습니다.

예방방안

전세보증금을 보호하려면 반드시 입주와 함께 전입신고를 하고, 확정일자를 받아야 대항력과 우선변제권이 발생합니다. 계약서상 특약만으로는 보증금 반환을 보장받을 수 없으므로, 실제 권리 보호 요건을 갖추는 것이 중요합니다. 또한 계약 전 등기부를 통해 선순위 권리가 없는지 확인하고, 이후에도 권리 변동을 점검해 볼 필요가 있습니다.

한 집주인과 전 세입자(전 임차인), 그리고 계약 당사자 간의 의사소통을 통해 보증금이 정확히 처리되었는지를 확인하는 것이 안전한 계약 이행을 위한 핵심적인 절차입니다.

3 잔금 지급 후

Check List

잔금 지급 후 - 세입자(임차인)의 권리를 확보하자!

☑ **전입신고하기**

- 주민센터 방문 또는 정부24(www.gov.kr)에 접속하여 신고합니다.

☑ **대항력 확보**

- 전세 계약한 집에 이사하고 전입신고를 마쳤다면 마친 날로부터 익일 0시(오전 12시)에 대항력이 확보됩니다.

☑ **우선변제권 확보**

- 대항력과 확정일자를 갖춘 경우 우선변제권이 확보됩니다(단, 대항력의 효력이 익일 0시(오전 12시)에 발생하는 것을 고려해야 합니다).

☑ **특약 이행 여부 확인(저당권 등 담보권 설정 금지)**

- "대항력 확보 시까지 저당권 등 담보권 설정 금지"와 같은 특약이 설정되어 있다면, 전입신고를 마쳐 대항력을 확보한 이후 등기사항증명서를 발급받아 해당 기간 동안 추가로 설정된 권리가 있는지 확인해야 합니다.

☑ **전세보증금 반환보증보험 가입하기**

- 집주인(임대인)이 전세계약 종료 후 보증금을 돌려주지 않을 시 보증금 반환과 관련한 위험을 줄일 수 있는 안전장치 역할을 해주기 때문에 가입하는 것이 좋습니다.

1) 전입신고

전입신고는 이사를 한 뒤 새로운 주소지로 주민등록을 이전하는 절차입니다. 「주민등록법」 제16조에 따라 세대주 또는 신고 의무자는 이사한 날부터 14일 이내에 해당 읍·면·동의 주민센터에 방문하거나, 온라인 서비스인 정부24를 통해 전입신고를 해야 합니다. 전입신고를 완료하면 해당 주소지에 실제로 거주하고 있다는 사실이 공적으로 인정되며, 세입자(임차인)의 대항력 발생 요건 중 하나인 '주민등록' 요건을 충족하게 됩니다. 전입신고는 세입자의 권리를 보호하기 위한 필수 절차이므로, 잔금 지급 후 즉시 완료하는 것이 바람직합니다.

2) 주택의 인도

주택의 인도란 주택에 대한 사실상의 지배가 집주인(임대인)으로부터 세입자(임차인)에게 이전되는 것을 의미합니다. 이는 단순히 열쇠를 받는 것을 넘어서, 실제로 세입자가 주택에 입주하여 거주하게 되는 상태를 말합니다. 「주택임대차보호법」 제3조 제1항에서도 주택의 인도는 대항력 요건 중 하나로 규정되어 있습니다. 따라서 세입자는 주택에 입주함으로써 임대차계약의 실질적 권리를 확보하게 되며, 이후 문제가 발생했을 경우 이를 주장할 수 있는 법적 근거가 마련됩니다.

3) 특약 이행 여부 확인(저당권 등 담보권 설정 금지)

최종적으로 잔금을 지급한 후에는 등기사항증명서를 통해 을구의 근저당권 상태에 변동이 없는지를 반드시 점검해야 합니다. 또한 계약서에 명시된 특약 사항들이 모두 이행되었는지를 확인하고, 만약 이행되지 않은 사항이 있다면 계약의 즉시 파기를 주장할 수 있습니다.

특히, "대항력 확보 시까지 저당권 등 담보권 설정 금지"와 같은 특약이 설정되어 있다면, 전입신고를 마쳐 대항력을 확보한 이후 등기사항증명서를 발급받아 해당 기간 동안 추가로 설정된 권리가 있는지 여부를 반드시 확인해야 합니다. 이를 통해 세입자(임차인)의 권리를 침해할 수 있는 담보권 설정을 사전에 방지할 수 있습니다.

4) 전세보증금 반환보증보험 가입

전세보증금 반환보증보험은 집주인(임대인)이 계약 종료 시 보증금을 돌려주지 않는 경우를 대비해 세입자(임차인)를 보호하기 위한 보증상품입니다. 이 보증보험에 가입하면 계약 만료 이후 집주인이 보증금을 반환하지 않더라도, 보증기관이 세입자(임차인)에게 해당 보증금을 대신 지급하게 됩니다.

따라서 전세계약 종료 후 보증금 반환과 관련한 위험을 줄일 수 있는 안전장치로 활용됩니다. 가입 가능 기간은 전세계약 체결 이후부터 계약기간의 절반이 지나기 전까지이며 한국주택금융공사(HF), 서울보증보험(SGI), 주택도시보증공사(HUG) 등 세 기관에서 상품을 운영하고 있습니다.

이들 기관의 가입 조건은 각각 다르므로 계약 전에 각 홈페이지를 통해 상세 내용을 확인하고, 보험 가입이 가능한지 여부를 사전에 검토해야 합니다. 또한, 보험 신청이 반려될 가능성도 있으므로 보험이 가입되었는지 직접 확인하는 것도 중요합니다.

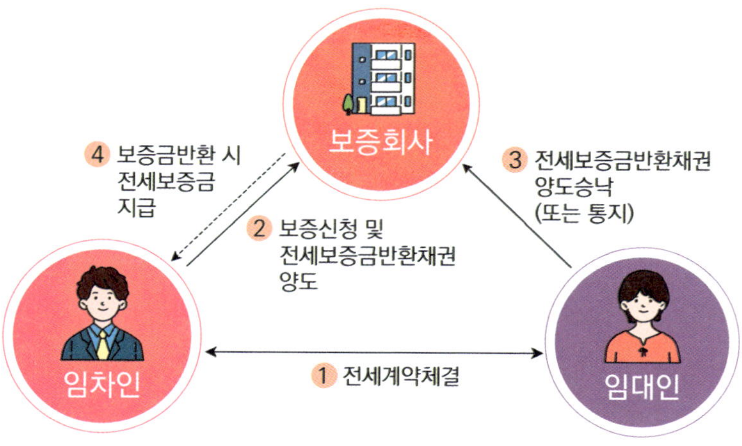

다음 내용을 통해 학습한 내용을 정리 해봅시다.

• 잔금지급 전 •

등기부등본 재확인

① 갑구의 확인사항

가처분, 가등기, 경매개시결정, 압류, 가압류 등은 세입자(임차인)의 보증금을 돌려받지 못하는 위험요소가 될 수 있습니다. 그러므로 잔금을 송금하기 전 직접 재확인 후 계약을 마무리해야 합니다.

② 을구의 확인사항

근저당, 저당권, 전세권은 세입자(임차인)의 보증금을 돌려받지 못하는 위험요소가 될 수 있습니다. 그러므로 잔금을 송금하기 전 직접 재확인 후 계약을 마무리해야 합니다.

③ 말소등기를 약속한 경우

임차인의 전세대출과 보증보험가입이 가능할 수 있도록 말소등기를 약속한 경우에는 잔금을 송금하기 전 실제로 이행이 되었는지 확인해야 합니다.

확인방법: 말소등기 접수서류(원본) 확인 및 등기접수증 직접 확인

* 등기부는 세무서, 구청, 주민센터나 해당 관할 무인발급기에서 가능하며, 대법원 인터넷 등기소에서도 발급 가능합니다.

대법원 인터넷등기소 http://www.iros.go.kr

• 잔금지급 시 •

집주인(임대인) 명의 계좌 송금

가급적이면 집주인(임대인), 전 세입자(전 임차인)와 함께 대면으로 만나 지급하는 것이 좋습니다. 계약금과 잔금은 집주인 명의의 계좌로 보내야 하며 계약서에 나와 있는 계좌번호인지 확인한 후, 계좌가 소유자인 집주인의 명의인지 확인해 보아야 합니다. 만약 다른 통장으로 입금을 요구할 때에는 주의해야 합니다. 마지막으로 이체가 완료되었다면 영수증을 요구해야 합니다.

• 잔급지급 후 •

전입신고

전입신고는 새로운 거주지로 이사한 날에 관할 읍·면사무소 및 동 주민센터에 그 사실을 알리는 일 또는 서류를 의미합니다. 이러한 전입신고는 임차인이 대항력을 갖게 되는 요건 중 하나로 임대차 계약 시 중요한 부분입니다. 그리고 대항력은 전입신고 당일에 효력이 발생하는 것이 아닌 신고 다음 날인 익일 0시(오전12시)에 효력이 생김으로 전입신고는 잔금일(이사)에 바로 하는 것이 가장 좋습니다.

① 전입신고하는 방법

전입신고는 이사한 날부터 14일 이내에 신청해야 하며 정당한 이유 없이 이행하지 않을 경우 5만원 이하의 과태료가 부과됩니다. 신고방법으로는 직접 방문하는 방법과 인터넷으로 신청하는 두 가지 방법이 있습니다.

a. 직접 방문

주택임대차계약서 원본 또는 사본과 신분증을 소지하고 임차주택 소재지의 읍 · 면사무소, 동 주민센터로 방문하면 전입신고를 할 수 있습니다.

-필요서류: 주택임대차 계약서, 신분증, 전입신고서류(방문작성)

b. 인터넷접수

정부24에서 전입신고 신청절차에 따라 입력하면 전입신고를 신청할 수 있습니다.

필요서류: 공동인증서(구 공인인증서)

-정부24 https://www.gov.kr

전세보증보험가입

전세보증보험은 전세계약 종료 시 집주인(임대인)이 세입자(임차인)에게 반환해야 하는 전세보증금의 반환을 책임지는 보증상품입니다. 전세계약 종료 후 세입자(임차인)가 전세보증금을 돌려받지 못할 경우를 대비하여 보증금 반환을 위한 안전장치로 설정해두는 것이 좋습니다. 전세보증보험의 신청기한은 계약기간의 1/2이 경과하지 않은 시점에 가능합니다.

① HUG 주택도시보증공사(전세보증금반환보증)

【신청방법】

a. 직접 방문

주택도시보증공사 본·지사 또는 위탁은행에 방문하여 직접 신청할 수 있습니다.

b. 모바일 신청

- 네이버페이 부동산: 금융상품 〉 전세보증금반환보증

- 카카오페이: 간편보험 〉 전세보증금반환보증
- KB국민카드: 국카몰app 〉 라이프샵 〉 전세보증

c. 어플 신청

- 공사 모바일보증 앱에서 이용 가능(모바일HUG)

* 필요서류 및 보증금액 및 요건 확인 등 자세한 사항은 아래의 링크를 통해 확인하실 수 있습니다.

- HUG 주택도시보증공사 https://www.khug.or.kr

② HF 한국주택도시공사(일반전세지킴보증)

【신청방법】

취급은행에 직접 방문하여 보증신청 및 보증서발급 가능합니다.

보증이용절차: 보증상담 〉 보증신청 및 약관배부 〉 보증심사 및 승인 〉 보증료 수납 및 보증서 발급

* 필요서류 및 보증금액 확인 등 자세한 사항은 아래의 링크를 통해 확인하실 수 있습니다.

- HF한국주택도시공사 https://hf.go.kr

③ SIG 서울보증보험(전세금보장신용보험)

【신청방법】

SIG의 본·지사에 직접 방문하여 보증신청 및 보증서발급 가능합니다.

*각 지점별로 상품문의 후 방문하시길 권장드립니다.

* 필요서류 및 보증금액 확인 등 자세한 사항은 아래의 링크를 통해 확인하실 수 있습니다.

- SIG서울보증보험 https://sgic.co.kr

EXCERCISE

다음 문제를 풀어보며 학습한 내용을 잘 이해했는지 확인해 봅시다.

01 | 잔금 지급하기 전 등기부를 다시 확인해야 하는 이유로 '갑구'와 '을구'에 대해 각각 서술하세요.

02 | 잔금 지급 시 소유자 명의의 계좌가 맞는지 확인하고 송금해야 되는 이유에 대해 서술하세요.

03 | 잔금 지급 후 전입신고가 중요한 이유를 대항력과 연관지어 서술하세요.

MEMO

PART 4에서는 전세계약 기간 중 발생할 수 있는 다양한 상황에 적절히 대응하는 방법을 학습합니다. 집주인(임대인)의 부당한 요구나 소유관계 변동 등이 발생했을 때 세입자(임차인)가 권리를 지키는 법을 배우며, 계약 종료 시 자동 갱신되는 묵시적갱신과 조건 재설정에 따른 재계약 절차를 이해합니다. 또한 주택 인도 및 퇴거 과정에서 필요한 점검 사항과 권리 보호를 위한 실무 대응법도 함께 익힙니다.

PART
4

거주 중 상황 대응과 전세계약 연장 및 종료

CHAPTER 10

거주 중 상황 대응

학습목표

01 | 집주인(임대인)의 전세보증금보증 유지 여부의 중요성을 이해할 수 있습니다.
02 | 집주인(임대인)이 제시하는 다양한 요구(임시로 주소 이전, 계약서 수정 등)에 적절하게 대응할 수 있습니다.

"살고 있는 동안에도 문제가 생길 수 있다는 걸 알고 있나요?"

집주인이 갑자기 주소를 옮기라고 하거나, 계약서를 새로 쓰자고 제안할 수도 있습니다. 또한 소유자가 바뀌거나, 심지어 사망하는 경우도 생깁니다. 이번 단원에서는 거주 중 임대인의 요구나 소유관계 변경 등 다양한 상황에 어떻게 대응해야 하는지를 배워봅니다.

1 집주인 임대보증금보증 유지 여부

세입자(임차인)는 주택에 거주하고 있는 기간 동안에도, 집주인(임대인)이 가입한 임대보증금보증이 본인의 전세계약 만료일까지 유지되는지를 반드시 확인해야 합니다. 임대보증금보증은 집주인이 보증금을 반환하지 않을 경우 세입자의 권리를 보장해 주는 중요한 안전장치입니다.

만약 임대보증금보증의 종료시점이 세입자의 전세계약 종료시점보다 빠르다면, 세입자는 집주인에게 보증기간 연장을 요구하여 보증이 계약기간 내내 유지될 수 있도록 조치해야 합니다. 보증이 중간에 종료된다면 보증금 보호에 문제가 발생할 수 있으므로, 지속적인 확인과 대응이 필요합니다.

2 집주인의 요구

1) 임시 주소 이전 요구

세입자(임차인)가 주택에 거주하는 도중, 집주인(임대인)이 주민등록을 다른 곳으로 옮겨달라고 요청하는 경우가 발생할 수 있습니다. 이러한 요구는 세입자의 대항력을 제거한 뒤, 해당 주택을 담보로 금융기관에서 대출을 받으려는 의도일 수 있으므로 각별한 주의가 필요합니다.

사례로 알아보는 전세 계약

살고 있는 도중 주소이전이 위험한 이유

상황

세입자(임차인)는 전세계약을 체결하고 거주하던 도중 집주인(임대인)에게 주소를 잠시 이전 해줄 수 있냐는 부탁을 받았습니다. 세입자는 주소를 이전해달라는 말에 의아했지만 집주인이 사정상 부탁한다며 3개월 치 관리비를 부과하지 않겠다는 말에 주소 이전에 응하였습니다. 그 후 시간이 지나 세입자는 전세계약이 만료되어 전세보증금 반환을 요구했지만 집주인은 돈이 없다며 반환을 거절했고 알고 보니 세입자가 전입신고를 변경해 준 날을 기점으로 은행에서 대출을 받은 사실을 확인할 수 있었습니다. 이에 세입자는 주소이전 한 시점에 대항력을 상실하게 되어 등기부에 설정된 담보보다 변제 순위가 밀려나게 되었습니다.

예방방안

집주인(임대인)의 요구로 주민등록의 이전을 하는 경우 대항력을 상실하여 보증금을 제대로 반환받지 못하는 상황에 놓이게 될 수 있습니다. 대항력은 주택을 점유하고 있는 것과 동시에 해당 주택에 전입신고가 되어 있어야만 대항력을 확보할 수 있습니다. 이미 살고 있는 중이더라도 주소지를 이전하는 것은 대항력의 요건을 상실하게 되는 것임으로 어떤 경우에서라도 전입신고를 다른 주소지로 이전해서는 안 됩니다.

예를 들어, “개인사정이 있어 전입을 다른 곳으로 일주일만 옮겨달라”는 식의 요청이 있을 수 있습니다. 이 경우 잠시라도 전입신고가 다른 주소지로 이전되면 세입자는 대항력을 잃게 됩니다. 즉, 세입자가 실제로 거주하고 있더라도 주소를 다른 곳으로 이전하여 전입신고가 바뀌었다면 대항력이 지속될 수 없는 요건에 놓이게 되므로 이와 같은 요구는 거절해야 합니다.

2) 임시로 전세가격을 올리거나 내리는 계약서 작성 요구

집주인(임대인)이 실제 거래금액과 다른 내용의 계약서를 새롭게 작성하자고 요구하는 경우도 있습니다. 이 중 업(up)계약서란 실제 금액보다 높은 전세금액으로 계약서를 작성하는 것이며, 주로 집주인이 더 많은 대출을 받기 위한 수단으로 사용됩니다. 반대로 다운(down)계약서는 실제 금액보다 낮은 전세금액으로 계약서를 작성하는 것으로, 집주인이 임대사업자에게 부과되는 의무를 회피하거나, 간주임대료 과세를 줄이기 위한 목적 등으로 작성됩니다. 이와 같은 업다운계약서는 단순한 절세 수단이 아닌 명백한 불법 행위이며, 「부동산 거래신고 등에 관한 법률」 제26조에 따라 이를 중개한 공인중개사뿐만 아니라 계약에 참여한 집주인과 세입자(임차인) 모두 처벌을 받을 수 있습니다.

세입자는 계약 체결 이후에도 지속적으로 본인의 권리를 지켜야 합니다. 거주 중 집주인의 요청에 따라 섣불리 전입신고를 옮기거나, 새로운 계약서를 작성하는 것은 처음 계약 당시 확보한 대항력, 우선변제권 등의 법적 권리를 잃는 원인이 될 수 있으므로 반드시 주의해야 합니다.

3 집주인 파산

집주인(임대인)이 파산한 경우, 세입자(임차인)가 가장 먼저 해야 할 일은 자신의 전세보증금이 법적으로 보호받을 수 있는 상태인지 확인하는 것입니다. 보증금을 안전하게 보호받기 위해서는 두 가지 조건, 즉 대항력과 우선변제권을 갖추고 있어야 합니다. 대항력이란 세입자가 주택에 실제로 거주하면서 전입신고를 마친 상태를 말합니다. 여기에 확정일자까지 받아 두면 우선변제권이 생기는데, 이 권리가 있으면 집이 경매에 넘어가더라도 후순위 채권자보다 우선하여 보증금을 돌려받을 수 있는 권리를 갖게 됩니다.

이 두 가지 조건을 모두 갖춘 세입자는 집주인이 파산하더라도 법적으로 보호받습니다. 특히 우선변제권이 있는 경우에는 파산절차를 따르지 않고도 경매 절차를 통해 보증금을 회수하는 방법도 있습니다. 따라서 전세계약을 맺을 때는 반드시 대항력과 확정일자를 함께 갖추는 것이 매우 중요합니다.

또 한 가지 중요한 점은 전세계약이 끝났는지 여부입니다. 계약이 끝난 상태라면, 세입자는 법원에서 보내온 파산결정문을 확인해 자신의 보증금 채

사례로 알아보는 전세 계약

집주인(임대인)이 파산한 경우

상황

세입자(임차인)는 서울의 한 빌라에 전세로 입주하면서 전입신고도 하고, 확정일자도 받아 두었습니다. 어느 날 갑자기 집주인(임대인)이 파산했다는 소식을 듣고 놀란 세입자(임차인)는 법원에서 받은 파산결정문을 확인해 보았습니다. 다행히 자신의 보증금 채권이 채권자 목록에 포함되어 있었고, 대항력과 우선변제권도 갖춘 상태였습니다. 그 결과, 세입자(임차인)는 다른 후순위 채권자들보다 먼저 보증금을 돌려받을 수 있었습니다.

예방방안

전세계약을 체결할 때 반드시 전입신고를 하고 확정일자도 받아야 합니다. 그래야 집주인(임대인)이 파산하더라도 세입자(임차인)의 보증금을 보호받을 수 있습니다. 또한 계약이 끝난 뒤에는 파산결정문을 확인해 자신의 보증금이 채권자 목록에 들어 있는지 꼭 점검해야 하며, 만약 빠져 있다면 파산관재인에게 추가를 요청해야 합니다. 계약이 끝나지 않은 경우에는 계약을 해지하고 나서 보증금을 돌려받을 권리를 먼저 만든 뒤, 파산 절차에 참여하는 것이 좋습니다. 이처럼 전입신고와 확정일자를 갖추는 것은 세입자의 권리를 지키는 가장 기본이자 중요한 방법입니다.

권이 채권자 목록에 포함되어 있는지 살펴보아야 합니다. 만약 이름이 누락되어 있다면, 파산관재인*에게 채권 추가를 요청해야 합니다. 반대로 계약이 아직 끝나지 않은 경우에는 보증금을 바로 요구할 수 없습니다. 이때 세입자는 계약을 계속 유지할지 아니면 집주인이나 파산관재인에게 계약 해지를 요청할지 결정해야 합니다. 계약을 해지해야만 보증금 반환 권리가 생기고, 이를 통해 파산절차에 채권자로 참여할 수 있게 됩니다.

4 소유관계 변경

1) 집주인 사망

집주인(임대인)이 사망한 경우, 집주인의 재산은 상속인에게 귀속되며, 이때 상속인이 새로운 집주인이 되어 기존의 임대차(전세)계약을 승계하게 됩니다. 즉, 세입자(임차인)은 새로운 소유자인 상속인과 임대차 관계를 계속 유지하게 되는 것입니다.

상속인은 집주인의 재산을 그대로 상속하거나 '상속 포기'를 선택할 수 있습니다. 만약 상속인이 상속을 포기한다면, 법에 따라 다음 순위의 상속인에게 재산이 넘어가게 됩니다(「민법」 제1041조, 제1043조). 모든 상속인이 상속을 포기할 경우, 해당 재산은 국가에 귀속됩니다(「민법」 제1058조).

만약 상속인이 없거나 모두 상속을 포기하는 등의 사유로 재산을 관리할 사람이 없는 경우에는 상속재산 관리인 제도를 통해 세입자의 권리를 보호할 수 있습니다. 이 제도에 따라 가정법원이 선임하는 상속재산 관리인은 집주인의 상속재산을 대신 관리하고 청산하는 역할을 합니다. 상속재산 관리인은 해당 주택을 포함한 집주인의 재산을 정리한 후, 전세보증금을 세입자에게 반환할 수 있습니다(「민법」 제1023조 제2항). 이 제도는 집주인의 사망 이후 보증금

* 파산관재인: 법원이 선임하여, 파산자의 재산을 관리하고 이를 처분(환가)하여 채권자에게 공정하게 나누어 주는 업무를 수행하는 사람

회수에 어려움을 겪는 세입자에게 중요한 해결방안이 됩니다.

2) 소유권 이전

세입자(임차인)가 전세계약을 체결한 이후, 집주인(임대인)이 세입자에게 사전 고지 없이 주택의 소유권을 제3자에게 이전한 경우에는 그 상황이 전세 사기와 관련이 있는지 주의 깊게 살펴보아야 합니다.

임대차계약 기간 중 주택이 매매되어 집주인이 변경되는 경우, 정상적인 절차라면 새로운 매수인이 해당 주택의 현장을 직접 방문하여 확인하고, 기존의 집주인은 주택 매매 사실과 함께 소유자 변경 예정임을 세입자에게 고지하게 됩니다.

하지만 임대차계약 직후 또는 계약기간 중에 집주인이 비정상적으로 빈번히 변경되는 경우에는 주의가 필요합니다. 이러한 경우는 깡통전세, 무갭투자, 명의신탁 등과 같은 문제가 개입된 주택일 가능성이 높기 때문입니다.

따라서 세입자는 계약 전 반드시 주택의 시세를 충분히 확인해야 하며, 계약 이후에는 대항력과 우선변제권과 같은 법적 안전장치를 갖추어 자신의 보증금을 보호할 수 있도록 해야 합니다.

CHAPTER 11

계약 연장 및 종료

학습목표

01 | 임대차계약의 묵시적 갱신과 재계약의 개념을 이해하고, 그 차이를 설명할 수 있습니다.
02 | 계약 종료 후 주택 인도 절차와 세입자(임차인)의 권리 유지 방법(대항력 유지, 임차권 등기명령 신청 등)을 이해할 수 있습니다.

"전세계약 곧 만료인데..."

이사 계획이 없다면 계약을 연장할 수도 있고, 집을 비워줘야 할 수도 있습니다. 이번 단원에서는 계약이 자동으로 연장되는 '묵시적 갱신', 다시 쓰는 '재계약', 그리고 계약이 끝났을 때 집을 인도하는 절차와 대항력 유지 방법, 보증금을 돌려받지 못 했는데 이사를 가야 한다면 신청해야 할 임차권등기명령까지, 계약 종료 전후에 꼭 알아야 할 내용을 배워봅니다.

1 묵시적 갱신

임대차계약이 종료될 시점에 별도의 갱신 거절이나 조건 변경의 통지가 없다면, 기존과 동일한 조건으로 계약이 자동으로 연장되는 '묵시적 갱신'이 적용될 수 있습니다. 구체적으로는 집주인(임대인)이 계약 종료 6개월 전부터 2개월 전 사이에 갱신 거절 또는 조건 변경에 대한 의사를 통지하지 않고, 세입자(임차인) 역시 종료 2개월 전까지 갱신 의사가 없음을 알리지 않으면 기존 계약과 동일한 조건으로 갱신된 것으로 간주됩니다(「주택임대차보호법」 제6조).

묵시적 갱신이 이루어진 경우, 세입자는 계약 초기에 확인했던 권리관계가 여전히 유효한지 다시 점검해야 합니다. 그 이유에는 초기 계약했던 권리관계에 후순위로 다른 담보권 또는 채권이 생겼을 경우 보증보험 가입이 거절될 수 있기 때문입니다. 따라서 계약이 갱신되더라도 보증보험은 자동으로 갱신되지 않기 때문에 갱신 이후에도 보증금 보호를 받고자 한다면 반드시 보증보험사와의 별도 재계약 절차를 진행해야 합니다.

2 재계약

계약 만료 시점에서 집주인(임대인)과 세입자(임차인)는 기존 계약 조건을 유지하거나 변경하여 재계약을 체결할 수 있습니다. 이때 재계약 체결 전후로 반드시 확인해야 할 사항들이 있습니다.

먼저, 등기사항증명서를 열람하여 주택의 소유자에 변동이 있었는지, 소유권에 제한을 주는 권리가 새롭게 설정되었는지 확인해야 합니다. 또한 집주인의 국세 및 지방세 체납 여부나 임금채권 등 등기부에 나타나지 않는 권리도 함께 점검해야 합니다. 이는 기존 보증금뿐만 아니라 증액된 보증금의 보호를 위해서도 중요합니다.

보증금이 증액되는 경우에는 해당 금액에 대한 확정일자를 반드시 다시 받아야 합니다. 기존 확정일자는 새로운 보증금까지 보호하지 않기 때문에, 증액된 금액은 확정일자를 받지 않으면 우선변제권을 상실할 수 있습니다.

또한 보증보험도 마찬가지로 자동 갱신되지 않으므로, 재계약이 이루어진 경우에는 새롭게 보험을 재가입해야 합니다. 이때 기존 계약에서 가입이 가능했던 보험이더라도 재계약 시 보험 조건이 달라졌을 수 있으므로, 보험사에 조건을 문의하고 가입 가능 여부를 반드시 확인해야 합니다.

전세계약을 재계약할 때 가장 먼저 해야 할 일은 기존 권리관계의 변동 여부를 철저히 점검하는 것입니다. 만약 계약기간 중에 새로운 근저당권이 설

사례로 알아보는 전세 계약

재계약에서 놓친 것들

상황

세입자(임차인)는 2021년 3월, 서울 마포구의 한 다세대주택에 보증금 2억 원으로 전세계약을 체결하고 입주하면서 전입신고와 확정일자를 받아 대항력과 우선변제권을 취득하였습니다. 세입자는 계약 당시 전세보증금 반환보증보험에도 가입해 보증금 보호를 이중으로 확보했습니다.

2년 뒤인 2023년 3월, A씨는 같은 집에서 계속 거주하기로 하고 집주인(임대인)과 보증금을 2억 원에서 2억 2천만 원으로 증액하는 재계약을 체결했습니다. 그러나 세입자는 재계약 후 추가된 2천만 원에 대해 새로운 확정일자를 받지 않았고, 보증보험도 기존 계약에 이어 자동으로 유지되는 것으로 착각해 별도 갱신 절차를 밟지 않았습니다.

그해 말, 집주인의 파산으로 결국 경매가 개시되었고 A씨는 기존 2억 원에 대해서는 우선변제를 받을 수 있었지만, 증액된 2천만 원에 대해서는 확정일자가 없어 우선순위에서 밀려, 해당 금액을 돌려받지 못했습니다. 더불어 보증보험도 재계약 기준에 맞춰 갱신하지 않아 보험금 청구 역시 불가했습니다.

예방방안

전세보증금이 증액되거나 재계약이 이루어진 경우에는 반드시 증액된 보증금 금액에 대해서 확정일자를 다시 받아야 하며, 보증보험도 기간을 확인하여 별도로 재가입해야 보호받을 수 있습니다. 기존 계약에서 발생한 권리는 증액분이나 연장된 계약에 자동으로 적용되지 않으므로, 계약이 변경될 때마다 관련 절차를 꼼꼼히 확인하고 이행해야 합니다.

정되었거나 집주인의 세금 체납 등이 발생했다면, 이에 대해 문제를 제기하고 재계약 여부를 신중히 판단해야 합니다. 또한 확정일자 재부여 및 보증보험 재가입 등의 조치를 통해 보증금 보호를 강화하는 것이 중요합니다.

3 계약 종료

1) 계약 종료 후 주택 인도 절차

전세계약이 종료되기 전에는 집주인(임대인)과 세입자(임차인)가 계약 갱신 여부에 대해 명확하게 협의해야 합니다. 특히, 계약 만료일로부터 최소 2개월 전까지는 계약을 종료할 것인지 갱신할 것인지에 대한 의사를 확정지어야 합니다. 계약 종료가 확정된 경우, 집주인은 주택 상태를 점검하게 되며, 이후 집주인과 세입자는 전세보증금의 반환 시기와 방식, 그리고 주택 인도 시점에 대해 협의하게 됩니다.

2) 대항력 유지하기

전세보증금을 반환받기 전에는 주택을 인도하거나 퇴거하지 않는 것이 중요합니다. 만약 보증금을 돌려받기 전에 집을 비우고 퇴거한다면, 세입자(임차인)는 '대항력'을 상실하게 되어 보증금 반환에 어려움을 겪을 수 있습니다. 대항력이란 세입자가 제3자에게 계약 내용을 주장할 수 있는 법적인 권리로, 이를 상실하게 되면 새로운 소유자나 채권자에게 보증금을 보호받을 수 없게 됩니다. 따라서 가장 안전한 방법은 전세보증금이 실제로 세입자의 계좌에 입금된 것을 확인한 후에 퇴거하는 것입니다.

3) 임차권등기명령 신청

만약 세입자(임차인)가 전세보증금을 반환받지 못한 상태에서 이사를 해야 하는 상황이라면, 반드시 임차권등기명령을 신청해야 합니다. 임차권등기를 하면 대항력과 우선변제권을 유지한 채 다른 주택으로 이사할 수 있습니다. 이는 새로 입주하는 세입자보다 우선하여 변제를 받을 수 있는 권리를 지켜주는 제도입니다.

임차권등기명령은 전세계약이 종료되었음에도 보증금을 전부 반환받지 못한 경우 신청할 수 있으며, 주택이 소재한 지역의 관할 지방법원, 지방법원

지원 또는 시·군 법원에서 절차를 진행할 수 있습니다. 이사하기 전 반드시 임차권등기가 등기부에 실제로 기입된 것을 확인한 후 퇴거해야만 권리 보호가 가능합니다.

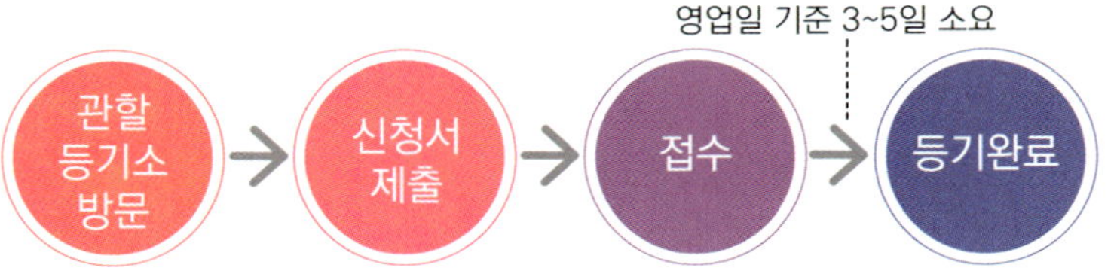

사례로 알아보는 전세 계약

보증금을 돌려받지 못한 채 이사

상황

세입자(임차인)는 전세계약을 통해 주택을 임차하고 입주하여 거주 후, 계약 만료 시점에서 보증금을 반환받지 않은 채 이사를 했습니다. 집주인(임대인)은 우선 이사를 하면 후에 새로운 세입자가 입주 후 보증금을 반환하겠다고 약속하였으나 이 약속은 지켜지지 않았습니다. 세입자는 점유의 상실로 대항력을 상실하였고, 보증금 반환에 큰 어려움을 겪는 상황이 되었습니다.

이사가 불가피할 경우 반드시 임차권등기명령을 신청하고 등기 기입을 확인 후 퇴거

예방방안

집주인(임대인)의 말만 믿고 이사(점유 상실)를 하거나 주민등록의 이전을 하는 경우 대항력을 상실하여 보증금을 제대로 반환받지 못하는 상황에 놓이게 될 수 있습니다. 집주인의 말만 믿고 새로 이사갈 주택을 계약했다가 보증금을 반환받지 못해 새로 계약한 집의 계약금을 위약금으로 배상한 사례도 있습니다.

보증금을 모두 돌려받기 전에 이사 등으로 대항력을 상실하지 않도록 해야 합니다. 부득이 이사가 필요한 경우 임차권등기를 통해 대항력을 유지하는 것이 필요합니다. 또한 보증금이 제대로 반환될 것인지에 대하여 집주인과 협의하는 것이 필요합니다. 집주인이 보증금 반환을 약속할 때는 반드시 구체적인 날짜와 절차를 확인하고, 필요한 경우 서면으로 기록을 남겨두는 것이 좋습니다.

SUMMARY

다음 내용을 통해 학습한 내용을 정리 해봅시다.

묵시적 갱신

묵시적 갱신은 임대차 계약이 끝날 무렵, 집주인(임대인)과 임차인 모두 계약을 끝내거나 조건을 바꾸겠다는 의사를 정해진 기간 안에 알리지 않으면, 기존과 같은 조건으로 계약이 자동 연장되는 것을 말합니다. 집주인은 계약 종료 6개월 전부터 2개월 전까지, 세입자는 계약 종료 2개월 전까지 갱신 거절 또는 조건 변경 의사를 통지하지 않으면 기존의 임대차 계약이 묵시적으로 갱신된 것으로 간주됩니다. 보증보험은 자동으로 갱신되지 않기 때문에, 갱신 후에도 보증금을 보호받기 위해서는 반드시 보험사와 다시 계약을 맺어야 합니다.

재계약

재계약은 임대차 계약이 만료될 때 집주인(임대인)과 세입자(임차인)가 기존 조건을 유지하거나 변경하여 다시 계약을 맺는 것을 말합니다. 이때 가장 중요한 점은 계약 체결 전후로 주택의 권리관계를 다시 확인하는 것입니다. 등기부를 열람하여 소유자의 변경 여부와 새로운 담보권 설정 여부를 점검하고, 집주인의 국세 · 지방세 체납, 임금채권 등 등기부에 나타나지 않는 위험 요소도 함께 확인해야 합니다.
보증금이 증액될 경우에는 증액된 부분에 대해 반드시 확정일자를 새로 받아야 하며, 그렇지 않으면 우선변제권을 보호받을 수 없습니다. 또한 보증보험도 자동 갱신되지 않기 때문에, 재계약 시 새로 가입해야 하며 보험 조건이 바뀔 수 있으므로 보험사에 확인하는 절차도 필요합니다. 재계약 시에도 권리관계와 보증금 보호 조치를 꼼꼼히 점검하여 안전한 계약을 새로 맺어야 합니다.

계약 종료 후 대항력 유지

전세보증금을 돌려받기 전에는 주택을 인도하거나 퇴거하지 않는 것이 매우 중요합니다. 보증금을 받기 전에 집을 비우면 세입자(임차인)는 대항력을 잃게 되어, 새 소유자나 채권자에게 보증금을 보호받을 수 없습니다. 대항력은 세입자가 제3자에게 계약 내용을 주장할 수 있는 법적인 권리이므로, 이를 유지하기 위해서는 보증금이 실제로 세입자의 계좌에 입금된 것을 확인한 뒤에 퇴거해야 안전합니다.

계약 종료 후 임차권등기

보증금을 돌려받지 못한 상태에서 이사를 해야 할 경우, 반드시 임차권등기명령을 신청해야 합니다. 임차권등기를 하면 대항력과 우선변제권을 유지한 채 다른 집으로 이사할 수 있으며, 새로운 세입자(임차인)보다도 우선하여 보증금을 돌려받을 수 있는 권리를 지킬 수 있습니다.

임차권등기명령은 계약이 끝났지만 보증금을 다 돌려받지 못한 경우 신청할 수 있으며, 주택이 있는 곳의 관할 법원에서 진행합니다. 퇴거 전에는 등기부에 임차권등기가 실제로 기입되었는지 꼭 확인해야 권리를 보호할 수 있습니다.

EXCERCISE

다음 문제를 풀어보며 학습한 내용을 잘 이해했는지 확인해 봅시다.

01 | 묵시적 갱신에 대해 서술하세요.

02 | 재계약 시 등기부 확인과 보증금 증액 시 주의해야 할 점을 각각 서술하세요.

03 | 계약 종료 후 전세보증금을 돌려받지 못 했을 경우 주택을 인도하거나 퇴거해서는 안 되는 이유를 서술하세요.

04 | 계약 종료 후 전세보증금을 돌려받지 못 했지만 불가피하게 이사를 가야 할 경우 어떤 조치를 취해야 하며 이때 주택 퇴거 시점에 대해 서술하세요.

MEMO

PART 5에서는 전세계약 종료 후 보증금을 돌려받지 못했을 때 세입자(임차인)가 취할 수 있는 법적 대응 절차를 학습합니다. 내용증명 발송, 지급명령 신청, 보증금반환청구소송, 강제경매 절차 등 단계별 대응 방법을 배우며, 보증보험에 가입한 경우에는 보증기관을 통해 보증금을 반환받는 절차도 함께 살펴봅니다. 이를 통해 계약 종료 후에도 권리를 지킬 수 있는 실질적인 법적 지식과 대응력을 갖추게 됩니다.

PART

5

보증금 미반환 시 대응 방법

CHAPTER 12

전세보증금반환보증 이행*

학습목표

01 | 전세보증금반환보증 제도의 의미와 필요성을 이해할 수 있습니다.
02 | 보증사고가 발생했을 때 이행청구를 어떻게 하는지 절차를 설명할 수 있습니다.
03 | 이행청구 시 필요한 서류와 보증금 반환까지의 흐름을 순서대로 말할 수 있습니다.

"전세보증금반환보증을 가입했다면 스스로 해결할 수 있다!"

보증금을 못 돌려받는 상황에 대비해, 보증기관이 대신 보증금을 돌려주는 제도가 있습니다. 이번 단원에서는 보증사고의 개념, 이행청구 방법, 준비서류, 그리고 보증금 반환까지의 절차를 배워봅니다.

1 보증사고의 정의

보증사고란 세입자(임차인)가 전세보증금 반환을 보장받기 위해 가입한 전세보증금 반환보증에서, 실제로 보증금을 돌려받지 못한 경우를 말합니다. 다음과 같은 경우에 보증사고로 인정됩니다.

첫째, 전세계약이 해지되거나 종료된 후 1개월 이내에 정당한 사유 없이 전세보증금을 반환받지 못한 경우

* "여기의 내용은 HUG, HF, SGI 중 주택도시보증공사(HUG)를 기준으로 작성되었습니다."

둘째, 전세계약 기간 중 전세목적물에 경매나 공매가 진행되어, 배당 절차 이후에도 보증금을 반환받지 못한 경우

2 보증사고 발생 시 이행청구 방법

보증사고로 인정된 경우, 세입자(임차인)는 보증기관에 이행청구를 할 수 있습니다. 이행청구 방법은 사고 유형에 따라 다음과 같이 다릅니다.

첫 번째 유형인 계약 종료 후 보증금 미반환의 경우, 주택임차권등기명령을 완료한 후 이행청구를 해야 합니다. 단, 등기가 완료되기 전이라도 등기명령 결정문을 제출하면 이행청구 및 심사가 가능하며, 보증금 수령 이전까지는 등기가 반드시 완료되어야 합니다.

두 번째 유형인 경매 또는 공매 후 보증금 미수령의 경우에는, 배당표 등 미수령액을 증명할 수 있는 서류를 제출하여 이행청구를 할 수 있습니다.

이처럼 보증사고 유형과 절차를 정확히 파악하고 필요한 서류를 구비하면 세입자는 전세보증금 반환을 위한 보증 이행 절차를 원활하게 진행할 수 있습니다.

3 전세보증금반환보증 이행 청구 시 준비서류

전세보증금반환보증 이행 시 필요서류는 ① 보증이행청구서, ② 대위변제증서, ③ 확정일자가 있는 임대차계약서 원본, ④ 임대차계약 종료 확인 가능 서류, ⑤ 임차권등기명령 결정문, ⑥ 부동산등기부, ⑦ 주민등록초본, ⑧ 통장사본, ⑨ 인감증명서, ⑩ 신분증 사본이 필요합니다.

준비서류 체크리스트

구분	서류	체크	어디서 발급받나요
공사소정 양식	❶ 보증이행청구서	☐	• 센터 직접 방문 시 ▶ 관리센터 직원에게 요청
	❷ 대위변제증서	☐	• 모바일 이행청구 시 ▶ 안심전세App에서 온라인 발급
고객준비 서류	❸ 확정일자 있는 임대차계약서 원본 a. 확정일자 도장 b. 임대차계약신고필증 c. 확정일자 부여현황 (a, b, c, d, 中 택1)	☐	ⓐ 확정일자 도장 — 확정일자 도장이 찍힌 계약서 준비 ⓑ 임대차 계약신고필증 — 부동산거래관리시스템(rtms.molit.go.kr) 접속 ▸ '주택임대차신고이력 조회' 클릭 후 발급 ⓒ 확정일자 부여현황 — 인터넷등기소(www.rios.go.kr)접속 ▸ 홈 상단 '확정일자' 클릭 ▸ 발급
	❹ 임대차계약 종료 확인 가능 서류 a. 문자.카카오톡 b. 통화녹취 c. 내용증명 d. 계약종료(해지) 합의서 e. 공시송달 (a, b, c, d, e 中 택1)	☐	ⓐ 문자.카카오톡 — 임대인-본인 대화내용 캡처 (임대인 답장 필수, 임대인 전화번호.대화 날짜 포함하여 캡처) ⓑ 통화녹취 (+통신사증빙) — 속기사 사무실 의뢰(임대인 전화번호 표기 필요) ⓒ 내용증명 (발송서류 사본, 도달내역) — 인터넷우체국(www.epost.go.kr) 접속 ▸ 홈 좌측≡메뉴바 ▸ '내용증명' 클릭 및 신청 ⓓ 계약종료(해지) 합의서 — HUG 홈페이지(www.khug.or.kr) 접속 ▸ 홈 상단 보증이행 ▸ 보증이행 약관/서식 클릭 후 '계약종료(해지)합의서' 다운 ⓔ 공시송달 (결정문, 송달 증명원) — 법원전자소송(ecfs.scourt.go.kr) 접속 ▸ 홈 상단 '서류제출'클릭 ▸ '민사서류-민사신청' 클릭 후 신청
	❺ 임차등기명령 결정문	☐	법원전자소송(ecfs.scourt.go.kr) 접속 ▸ 홈 상단 '서류제출' 클릭 '민사서류-민사신청' 클릭 ▸ '주택임차권등기명령신청' 클릭 후 신청
	❻ 부동산등기부 등본	☐	인터넷등기소(www.iros.co.kr) 접속 ▸ 홈 상단 '등기열람/발급' 클릭 ▸ '발 급하기' 클릭 후 인쇄
	❼ 주민등록초본	☐	정부24(www.gov.kr) 접속 홈 하단 '자주찾는 서비스' ▸ '주민등록등본(또는 초본)' 클릭 후 발급
	❽ 통장사본	☐	실물 통장사본 복사 또는 은행 홈페이지. 어플을 통해 계좌개설 확인서 발급
	❾ 인감증명서 *3개월 이내 발급분 1부, 인감도장 지참, 본인서명사실확인서 대체 가능	☐	인감 '미등록' ▸ 주민등록상 관할 주민센터, '등록 후' ▸ 전국 주민센터
	❿ 신분증 사본(신분증 지참)	☐	관리센터 직원에게 신분증 복사 요청

출처: HUG 홈페이지

4 전세보증금반환보증 이행 절차

1) 보증사고 발생

보증사고가 발생하면, 보증채권자(세입자)는 해당 보증기관의 영업점에 사고통지서와 관련 서류를 제출해야 합니다. 이 단계는 보증금 반환이 정상적으로 이루어지지 않아 보증기관이 개입할 수 있는 조건을 충족했음을 알리는 중요한 절차입니다.

2) 이행청구

보증사고가 접수되면, 세입자(임차인)는 이행청구서 등 필요 서류를 제출해야 합니다. 이와 함께 절차에 대한 안내(예: 제출 서류 목록)를 확인하고, 집주인(임대인)에게 이행예고를 통지하게 됩니다. 이는 보증기관이 실제로 대신 보증금을 지급하기에 앞서 관련 권리를 확인하고 절차를 준비하는 과정입니다.

3) 이행심사

보증기관은 세입자(임차인)가 제출한 이행청구서의 적정성을 심사합니다. 이 과정에서는 보증사고의 요건이 충족되었는지, 보증금 반환 요구가 타당한지를 판단합니다. 심사가 완료되면 이행 여부와 지급 금액 등을 세입자(임차인)에게 통지합니다.

4) 대위변제(이행청구일 이후 1개월 이내)

심사 결과에 따라 이행이 승인되면 세입자(임차인)는 대위변제증서를 제출해야 하며, 집을 비워주는 '명도' 절차를 완료해야 보증금을 수령할 수 있습니다. 이 절차가 완료되어야 최종적으로 보증금이 지급됩니다.

CHAPTER 13

임대차 종료 후 보증금 미반환 시 법적 대응 방법

학습목표

01 | 전세계약이 종료되었음에도 불구하고 보증금을 돌려받지 못한 경우 세입자(임차인)가 취할 수 있는 법적 대응 방법을 이해합니다.

02 | 법적 절차에 앞서 준비해야 할 기본적인 서류와 조치들을 설명할 수 있습니다.

03 | 내용증명 보내기, 지급명령 신청, 보증금반환청구소송, 강제경매 신청 등 각각의 절차가 어떤 방식으로 진행되는지 알고, 그 흐름을 설명할 수 있습니다.

"전세보증금반환보증 가입을 못 했는데... 내 보증금을 돌려주지 못 한다고?"

계약이 끝났는데도 집주인(임대인)이 보증금을 돌려주지 않는다면, 세입자(임차인)는 법적인 절차를 통해 대응할 수 있습니다. 이번 단원에서는 내용증명 보내기, 지급명령 신청, 보증금반환청구소송 제기, 강제경매 진행 등 보증금을 되찾기 위한 다양한 방법들을 배워봅니다.

1 법적 대응 전 준비사항

1) 집행권원

집행권원이란 국가의 강제력에 의해 실현될 청구권의 존재와 범위를 표시하고 집행력이 부여된 공정증서를 말하는 것으로, 쉽게 말해 강제집행*을

* 강제집행: 집행권원에 표시된 사법상의 이행청구권을 국가권력에 기하여 강제적으로 실현하는 법적 절차

행사할 수 있는 권한을 가진 문서를 의미합니다. 대표적인 집행권원의 예시로 확정판결, 가집행선고부 판결, 화해조서, 인낙조서, 조정조서, 확정된 지급명령, 공정증서 등이 있습니다.

2) 내용증명

임대차계약이 종료되었는데도 집주인(임대인)이 보증금을 돌려주지 않는 경우, 세입자(임차인)는 먼저 내용증명우편을 보내는 방식으로 대응할 수 있습니다.

내용증명 예시

내 용 증 명(샘플)

수신인
성명 : ○○○(임대인) 귀하
주소 : ○○○도 00시 ○○로 ○○○, ○○○호
연락처 : 010-0000-0000

발신인
성명 : ○○○(임차인)
주소 : ○○시 ○○구 ○○로 ○○, ○○○호
연락처 : 010-0000-0000

제목 : 임대차계약 갱신거절 통지 및 임대차보증금 반환 요청

임대차목적물 주소 : ○○시 ○○구 ○○로 ○○, ○○○호
임대차보증금 : 000,000,000원
계약기간 : 20XX년 XX월 XX일 ~ 20XX년 XX월 XX일

귀하의 가정에 평안과 행복을 기원합니다.
본인은 위 임대차목적물의 임차인으로 임대차계약 종료 후 계약 갱신의사가 없음을 알려드리니, 임대차계약 종료일에 임대차보증금을 반환해주시기 바랍니다.

20XX. XX. XX
임차인 ○ ○ ○

이 우편에는 임대차계약의 내용, 계약이 종료되었음을 알리는 사실, 그리고 반환받아야 할 보증금의 액수 등을 명확히 적어 집주인에게 보냅니다. 이러한 방식은 공식적인 독촉의 역할을 하며, 나중에 소송 등 법적 절차를 진행할 때 증거로도 활용됩니다.

그럼에도 불구하고 집주인이 보증금을 반환하지 않으면, 민사조정이나 지급명령 같은 재판 외 분쟁해결 제도를 이용하거나, 최종적으로는 보증금반환청구소송을 제기해야 합니다.

3) 가압류

집주인(임대인)이 재산을 숨기거나 처분할 우려가 있는 경우, 소송을 제기하기 전에 가압류를 신청하는 것도 중요합니다. 가압류란 집주인의 재산(예: 집, 차량, 예금 등)을 임시로 묶어두는 조치로, 추후 강제집행이 가능하도록 보증금을 안전하게 확보하는 데 도움이 됩니다.

2 지급명령 제도

1) 지급명령의 개념

지급명령은 돌려받지 못한 보증금을 지급받기 위한 청구에 대해 세입자(임차인)가 일방적인 신청만으로 법원이 집주인(임대인)에게 지급을 명령하는 간편한 절차입니다. 이 과정에서는 집주인을 법정에 불러 신문하지 않기 때문에, 시간과 비용을 절약하면서도 신속하게 민사 분쟁을 해결할 수 있는 장점이 있습니다.

다만, 집주인이 지급명령에 대해 이의신청을 제기하면, 일반적인 소송절차로 전환되기 때문에 잠정적인 분쟁 해결 방식으로 볼 수 있습니다. 따라서 집주인이 보증금을 돌려줘야 한다는 사실에 특별한 이견이 없을 것으로 예상

되는 경우, 지급명령을 활용하는 것이 실용적입니다.

지급명령에 대하여 결정이 확정된 경우에는 지급명령은 실제 재판의 확정판결과 같은 효력이 생깁니다(「민사소송법」 제474조).

2) 지급명령의 신청 방법

세입자(임차인)가 지급명령을 신청하려면, 임대인의 주소지를 관할하는 법원에 지급명령신청서를 제출해야 합니다. 신청서에는 다음 사항을 반드시 기재해야 합니다. 이 절차를 통해 세입자는 법정에 직접 출석하지 않고도, 일정한 법적 절차에 따라 권리를 행사할 수 있습니다.

① 집주인(임대인)과 세입자(임차인)의 성명

② 각자의 주소 및 연락처(지급명령 정본을 송달하는 데 필요)

③ 청구금액

④ 그 금액을 청구하는 이유와 법적 근거(예: 임대차계약 종료 및 보증금 미반환)

3 보증금반환청구소송

전세기간이 종료되었음에도 집주인(임대인)이 보증금을 반환하지 않는 경우, 세입자(임차인)는 법적인 절차를 통해 보증금을 회수할 수 있습니다. 이때 세입자는 보증금반환청구소송을 제기하여 확정판결을 받아 보증금을 회수할 수 있습니다.

1) 보증금반환청구소송 개념

전세 계약이 종료되었음에도 집주인(임대인)이 보증금을 돌려주지 않는 경우, 세입자(임차인)는 주택을 비우기 전이나 후를 불문하고, 법원에 보증금반환청구소송을 제기할 수 있습니다. 소송에서 승소하여 확정판결을 받으면, 이를 바탕으로 강제경매를 신청해 보증금을 회수할 수 있습니다(「주택임대차보호법」 제3조의2 제1항).

지급명령 등 간이 절차로도 보증금을 돌려받지 못한 경우에는, 결국 소송이 최후의 수단이 됩니다.

2) 소송의 제기

세입자(임차인)는 집주인(임대인)의 주소지 또는 자신의 주소지를 관할하는 법원에 보증금반환청구소송을 제기할 수 있습니다. 또한, 세입자와 집주인이 합의하여 관할법원을 정할 수도 있으므로, 합의가 있는 경우에는 해당 법원에 소장을 제출할 수 있습니다(「민사소송법」 제29조).

4 강제경매

1) 강제경매 개념

강제경매는 부동산에 대한 강제집행의 한 방법으로, 집주인(임대인)의 주택을 압류하여 법원이 경매로 매각한 뒤, 그 매각대금으로 세입자(임차인)의 보증금을 대신 돌려주는 절차입니다. 즉, 집주인이 보증금을 돌려주지 않을 경우, 법원이 집주인의 집을 팔아서 그 돈으로 세입자에게 보증금을 대신 돌려주는 것입니다.

강제집행이란 전세계약에서 보증금을 돌려받지 못한 경우로 설명하자면 채무자인 세입자가 스스로 보증금을 확보하기 어려운 상황에서, 세입자의 신청에 따라 집행권원에 표시된 사법상의 이행청구권을 국가권력에 의해 강제적으로 실현하는 법적 절차를 의미하게 됩니다.

강제집행을 하기 위한 조건으로는 아래의 두 가지 문서가 필요합니다.

① 집행권원

이는 채권자의 권리를 공식적으로 인정해 주는 문서로, 대표적으로는 확정판결, 가집행선고부 판결, 화해조서, 인낙조서, 조정조서, 확정된 지급명령, 공정증서 등이 있습니다.

② 집행문

집행권원 마지막에 강제집행이 가능하다는 사실과 누가 집행당사자인가를 표시한 공증문서입니다.

집행문은 예를 들어 "이 판결 정본은 피고 집주인에 대한 강제집행을 위해 원고 세입자에게 준다"와 같은 문구가 적히고, 법원사무관 등이 기명·날인하여 줍니다. 이러한 요건을 갖추면, 세입자는 자신의 보증금 회수를 위한 강제경매를 진행할 수 있습니다.

2) 강제경매 절차

부동산에 대한 강제경매는 ① 강제경매의 신청, ② 강제경매개시의 결정, ③ 배당요구의 종기 결정 및 공고, ④ 매각의 준비, ⑤ 매각기일 및 매각결정기일 등의 지정·공고·통지, ⑥ 매각의 실시, ⑦ 매각결정 절차, ⑧ 매각대금의 납부, ⑨ 배당절차, ⑩ 소유권이전등기와 인도의 순서에 따라 진행됩니다.

① 강제경매의 신청

세입자(임차인)는 임대차 계약이 종료되었음에도 보증금을 돌려받지 못한 경우, 강제경매를 신청할 수 있습니다. 이때 강제경매신청서는 부동산이 소재한 지방법원에 제출해야 하며, 신청서에는 채권자(세입자)와 채무자(집주인)의 인적 사항, 경매 대상 부동산의 표시, 그리고 강제집행의 근거가 되는 집행권원과 돌려받지 못한 보증금의 내용을 반드시 포함해야 합니다. 또한 집행권원 정본과 집주인(임대인) 명의로 등기된 부동산의 등기사항증명서를 첨부하고, 법원이 정하는 집행비용도 미리 납부해야 합니다.

② 강제경매개시의 결정

법원은 제출된 강제경매신청서와 첨부서류를 심사하여 요건이 충족되었다고 판단되면 강제경매개시결정을 내립니다. 이와 동시에 해당 부동산에 대한 압류를 명하고, 이 사실을 등기부에 기입하도록 등기관에게 촉탁합니다. 압류의 효력은 경매개시결정이 채무자인 집주인(임대인)에게 송달된 시점과 등기부에 기입된 시점 중에서 빠른 시점부터 발생합니다.

③ 배당요구의 종기 결정 및 공고

경매개시결정에 따라 압류 효력이 발생하면, 법원은 채권자들이 배당요구를 할 수 있는 기한인 '배당요구의 종기'를 정하고 이를 1주일 이내에 공고합니다. 확정일자부 임차인(우선변제권)이나 소액임차인(최우선변제)은 반드시 배당요구 종기까지 법원에 배당요구서를 제출해야 배당을 받을 수 있습니다. 종기까지 배당요구를 하지 않으면 우선순위가 높은 채권자라도 배당을 받지 못하며, 후순위 채권자에게 배당된 금액을 돌려받을 수도 없습니다.

④ 매각의 준비

법원은 경매개시결정이 내려지면 경매 목적물인 주택을 매각하기 위한 준비 절차를 시작합니다. 집행관에게 해당 부동산의 현황, 점유관계, 보증금 등을 조사하게 하고, 감정인을 통해 부동산 가치를 평가하여 최저매각가격을 정합니다. 이와 관련된 매각물건명세서, 감정평가서, 현황 조사보고서 등은 누구나 열람할 수 있도록 법원에 비치합니다.

⑤ 매각기일 및 매각결정기일 등의 지정·공고·통지

법원은 경매절차를 계속 진행하기로 하면 매각기일과 매각결정기일을 정하여 이를 공고합니다. 매각기일은 최소 2주 전에 공고해야 하며, 이해관계인(세입자, 집주인, 채권자 등)에게는 등기우편으로 통지합니다. 매각결정기일은 매각기일로부터 1주일 이내로 지정되며, 이 기일에 법원은 매각절차의 적법 여부를 판단하고 매각 허가 여부를 결정합니다.

⑥ 매각의 실시

부동산의 매각은 기일입찰의 방식으로 진행됩니다. 입찰자는 최저매각가격의 10분의 1에 해당하는 보증금액 또는 집행법원이 정한 금액을 납부하고 입찰에 참여해야 하며, 집행관은 최고가 매수신고인과 차순위 매수신고인을 결정합니다. 입찰이 끝나면 최고가를 제시한 매수신고인을 중심으로 매각 절차가 마무리됩니다.

⑦ 매각결정 절차

입찰이 종료되면 법원은 매각결정기일을 열어 이해관계인의 의견을 듣고, 매각이 적법하게 이루어졌는지를 심사하여 매각 허가 또는 불허가 결정을 내립니다. 이해관계인이 매각결정에 이의가 있는 경우에는 즉시항고할 수 있습니다.

⑧ 매각대금의 납부

매수인은 매각 허가결정이 확정되면 법원이 정한 기일 내에 매각대금을 납부해야 합니다. 납부 금액은 전체 매각대금에서 이미 낸 입찰보증금을 제외한 나머지 금액이며, 납부는 법원이 지정한 은행에 해야 합니다.

⑨ 배당절차

매각대금이 완납되면 법원은 배당*절차를 진행합니다. 채권자가 여러 명일 경우, 법원은 민법이나 주택임대차보호법 등에서 정한 우선순위에 따라 배당합니다. 배당기일에는 각 채권자가 배당금 산정에 필요한 계산서를 제출해야 하며, 법원은 이를 토대로 배당표를 작성하고 확정합니다. 이의가 없으면 확정된 배당표에 따라 배당이 이루어집니다.

배당받을 채권자

① 배당요구의 종기까지 채권신고를 한 압류채권자

② 배당요구의 종기까지 배당요구를 한 채권자

③ 첫 경매개시결정 등기 전에 등기된 가압류채권자

* 배당: 낙찰대금을 채권자 등 이해관계자에게 나누어 주는 것

④ 저당권 · 전세권, 그 밖의 우선변제청구권으로서 첫 경매개시결정 등기 전에 등기되었고 매각으로 소멸하는 것을 가진 채권자

⑩ 소유권이전등기 등의 촉탁 · 부동산 인도명령

매수인이 매각대금을 모두 납부하면 해당 부동산의 소유권을 취득하게 됩니다. 이후 법원은 매수인 명의로 소유권이전등기와 말소등기를 등기관에게 촉탁합니다. 만약 집주인(임대인)이 임의로 부동산을 인도하지 않을 경우, 매수인은 대금 완납 후 6개월 이내에 법원에 인도명령을 신청할 수 있으며, 인도명령에 따라 집행관이 강제로 부동산을 인도하게 됩니다.

이처럼 세입자(임차인)는 앞서 '전세계약하기'에서 살펴본 바와 같이 시세 확인을 철저히 하고 신중하게 선택한 주택이라면, 혹시 모를 보증금 미반환 분쟁이 발생하더라도 법적 절차를 통해 보증금을 회수할 수 있습니다. 특히 주택임대차보호법에 따른 본인의 권리를 정확히 이해하고, 적절한 절차를 밟는다면 보증금 반환 문제에 대응할 수 있습니다.

SUMMARY

다음 내용을 통해 학습한 내용을 정리 해봅시다.

집행권원

집행권원이란 국가의 강제력에 의해 실현될 청구권의 존재와 범위를 표시하고 집행력이 부여된 공정증서를 말하는 것으로, 쉽게 말해 강제집행을 행사할 수 있는 권한을 가진 문서를 의미합니다. 대표적인 집행권원의 예시로 확정판결, 가집행선고부 판결, 화해조서, 인낙조서, 조정조서, 확정된 지급명령, 공정증서 등이 있습니다.

내용증명

임대차계약이 종료되었는데도 집주인(임대인)이 보증금을 돌려주지 않는 경우, 세입자(임차인)는 먼저 내용증명우편을 보내는 방식으로 대응할 수 있습니다. 이 우편에는 임대차계약의 내용, 계약이 종료되었음을 알리는 사실, 반환받아야 할 보증금의 액수 등을 명확히 적어 집주인에게 보냅니다. 이러한 방식은 공식적인 독촉의 역할을 하며, 나중에 소송 등 법적 절차를 진행할 때 증거로도 활용됩니다.

지급명령

지급명령은 돌려받지 못한 보증금을 지급받기 위한 청구에 대해 세입자(임차인)가 일방적인 신청만으로 법원이 집주인(임대인)에게 지급을 명령하는 간편한 절차입니다. 이 과정에서는 집주인을 법정에 불러 신문하지 않기 때문에, 시간과 비용을 절약하면서도 신속하게 민사 분쟁을 해결할 수 있는 장점이 있습니다.

보증금반환청구소송

전세기간이 종료되었음에도 집주인(임대인)이 보증금을 반환하지 않는 경우, 세입자(임차인)는 법적인 절차를 통해 보증금을 회수할 수 있습니다. 이때 세입자는 보증금반환청구소송을 제기하여 확정판결을 받아 보증금을 회수할 수 있습니다.

강제경매

강제경매는 부동산에 대한 강제집행의 한 방법으로, 집주인(임대인)의 주택을 압류하여 법원이 경매로 매각한 뒤, 그 매각대금으로 세입자(임차인)의 보증금을 대신 돌려주는 절차입니다. 즉, 집주인이 보증금을 돌려주지 않을 경우, 법원이 집주인의 집을 팔아서 그 돈으로 세입자에게 보증금을 대신 돌려주는 것입니다.

EXCERCISE

다음 문제를 풀어보며 학습한 내용을 잘 이해했는지 확인해 봅시다.

01 | 내용증명의 역할에 대해 서술하세요.

02 | '집주인(임대인)의 주택을 압류하여 법원이 경매로 매각한 뒤, 그 매각대금으로 세입자(임차인)의 보증금을 대신 돌려주는 것'을 무엇이라 하는지 서술하세요.

03 | 집행권원의 개념을 서술하세요.

Check List

전세물건 찾기 - 깡통주택 및 허위 매물을 피하자!

☑ 적정 시세 조사

- 매매가격 대비 전세보증금이 크게 높지 않은 집을 찾는 것이 안전합니다.
- 공인중개사사무소 또는 안심전세앱, 국토부 실거래가 공개시스템, 공시가격, 민간애플리케이션 등으로 시세를 확인하는 것이 좋습니다.

☑ 최우선변제금액 확인해보기

- 최우선으로 변제받을 수 있는 보증금의 범위는 지역과 담보물권설정일별로 차이가 있으니 계약 전 확인해 보는 것이 필요합니다.

☑ 건축물대장 및 건축물현황도 확인하기

- 위반건축물일 경우 보증보험가입이 어려울 수 있어 확인하는 것이 좋습니다.
- 건축물현황도와 일치하지 않을 경우 주택임대치보호를 받지 못하기 때문에 해당 호수가 건축물현황도와 일치하는지 확인하는 것이 좋습니다.

계약 전 - 권리관계를 잘 파악하자!

☑ 등기부에 나타나는 권리 확인하기

- 등기부의 표제부(건물의 정보), 갑구(소유권), 을구(소유권 이외)를 확인하여 권리관계를 파악해야 합니다.

☑ 등기부에 나타나지 않는 권리 확인하기

- 등기부에 나타나지 않는 권리인 집주인(임대인)의 세금 체납 사실이나 임금 체납 여부를 파악해야 합니다.

☑ 확정일자 부여현황 및 주민등록 전입세대확인서 열람하기

- 확정일자는 우선변제권 등 경매시 중요한 요건이 되므로 선순위 확정일자를 확인하는 것이 바람직합니다. 또한 선순위 보증금액도 확인할 수 있어 건물 가치를 보다 정확히 파악할 수 있습니다.
- 전입세대확인서를 통해 선순위 세입자(임차인)들의 대항력 발생시기를 파악할 수 있습니다.

Check List

계약 시 - 소유자와 계약하는 것을 잊지 말자!

☑ 공인중개사 정상 영업 여부 확인하기

- 공인중개사 자격증, 사무소 개설등록증, 공제증서, 사업자등록증 등을 확인해야 합니다. 이는 브이월드 디지털트윈국토(www.vworld.kr)에서 부동산중개업소 조회가 가능합니다.

☑ 특약 설정하기(필수는 아니지만 권장)

- 확정일자 및 전입신고 다음날까지 담보권 등 설정 금지나 위반시 즉시 계약해지 및 손배배상 특약 등을 설정하여 계약 후 입주 다음날까지 권리관계 변동에 대응할 수 있도록 조치해주는 것이 안전합니다.

☑ 집주인(임대인)이 계약자와 일치하는지 확인하기

- 주민등록증, 여권 진위 여부는 정부24나 국번없이 1382로 전화하면 알 수 있습니다.
- 운전면허증 진위 여부는 도로교통공단 안전운전 통합민원에서 확인할 수 있습니다.

☑ 대리인의 위임 권한과 범위 확인하기

- 대리인의 신분 확인도 집주인(임대인)의 신분을 확인했던 것과 동일하게 확인해야 합니다.
- 대리인의 신분을 확인했다면 위임의 권한이 있는지, 위임의 범위를 확인하기 위해 위임장을 반드시 확인해야 합니다.

계약 체결 후 - 거래 신고 후 확정일자까지 잊지 말자!

☑ 주택임대차계약 신고

- 주민센터 방문이나 부동산거래관리시스템(rtms.molit.go.kr)을 통해 신고해야 합니다(신고 시 확정일자 자동 부여).

☑ 확정일자 받기

- 주택임대차계약 신고 완료 시 자동으로 부여됩니다. 거래신고를 하지 못한 경우에는 계약서를 지참하여 주민센터 또는 법원 등기소(인터넷 등기소 포함)에 방문하여 확정일자를 받을 수 있습니다.

Check List

잔금 지급 전 - 등기부에 변동된 사항 없는지 다시 확인하자!

권리관계 재확인하기

- 등기부를 다시 발급받아 갑구와 을구의 변동사항이 없는지 확인하고, 다가구주택에서 집주인(임대인)이 건물 전체를 소유하고 있을 경우에는 확정일자 부여 현황이나 전입세대 확인서 등도 재확인 하는 것이 좋습니다.

특약 이행 여부 확인하기(주택의 물리적 수리)

- 주택의 물리적인 부분(도배, 장판, 집 수리)에 대한 특약을 작성하였다면, 수리된 상태에 대해 확인해야 합니다.

잔금 지급 시 - 집주인(임대인)과 대면으로 만나 지급하자!

집주인(임대인), 전 세입자(전 임차인)과 함께 대면으로 만나 지급하기

- 가급적이면 집주인(임대인), 전 세입자(전 임차인)과 함께 대면으로 만나 지급하는 것이 좋습니다.

특약 이행 여부 확인(선순위 채권 말소 등)

- 선순위 채권의 말소와 관련된 특약이 있는 경우, 해당 특약의 이행 여부를 반드시 확인해야 합니다.

소유자인 집주인(임대인)과 예금주 일치 여부 확인하기

- 계약서에 나와 있는 계좌번호인지 확인한 후, 계좌가 소유자인 집주인(임대인)의 명의인지 확인해 보아야 합니다.

Check List

잔금 지급 후 - 세입자(임차인)의 권리를 확보하자!

☑ **전입신고하기**

- 주민센터 방문 또는 정부24(www.gov.kr)에 접속하여 신고합니다.

☑ **대항력 확보**

- 전세 계약한 집에 이사하고 전입신고를 마쳤다면 마친 날로부터 익일 0시(오전 12시)에 대항력이 확보됩니다.

☑ **우선변제권 확보**

- 대항력과 확정일자를 갖춘 경우 우선변제권이 확보됩니다(단, 대항력의 효력이 익일 0시(오전 12시)에 발생하는 것을 고려해야 합니다).

☑ **특약 이행 여부 확인(저당권 등 담보권 설정 금지)**

- "대항력 확보 시까지 저당권 등 담보권 설정 금지"와 같은 특약이 설정되어 있다면, 전입신고를 마쳐 대항력을 확보한 이후 등기사항증명서를 발급받아 해당 기간 동안 추가로 설정된 권리가 있는지 확인해야 합니다.

☑ **전세보증금 반환보증보험 가입하기**

- 집주인(임대인)이 전세계약 종료 후 보증금을 돌려주지 않을 시 보증금 반환과 관련한 위험을 줄일 수 있는 안전장치 역할을 하기 때문에 가입하는 것이 좋습니다.

저자소개

유선종(劉銑鍾, yooseonjong@gmail.com)

현재 건국대학교 부동산학과 교수

학력 日本大學 大學院 不動産科學專攻(學術博士)
건국대학교 부동산학과 졸업
충남 예산고 졸업

경력 사외이사, 한투리얼에셋운용(2024-현재)
사외이사, 호텔롯데(2021-2025)
사외이사, 한국투자부동산신탁(2019-2025)
비상임이사, 한국부동산연구원(2017-2019)
비상임이사, 한국감정원(2014-2016)

저서 고령친화 주거단지 CCRC·UBRC, 박영사
초고령사회 뉴노멀시리즈2, 신노년의 주거, 노인복지주택, 박영사
초고령사회 뉴노멀시리즈1, 신노년의 삶, 웰에이징트렌드, 박영사
엔딩노트, 박영스토리
부동산학원론, 박영사
대학에서 배우는 부동산 경매, 메가랜드
지방소멸 어디까지 왔나, 매일경제신문사
생활속의 부동산 13강, 도서출판 청람
노인주택 파노라마, 집문당

주요 학술 및 대외활동

위원, 국토교통부 국토정책위원회, 중앙부동산평가위원회, 공인중개사 정책심의위원회
위원, 법무부 투자이민협의회
위원, 행정안전부 지방세 과세표준 포럼, 지방공사채 승인심의위원회
위원, 서울특별시 공공주택 임대료조정위원회, 공유재산심의위원회, 지방토지수용위원회
위원, 경기도 민생대책특별위원회, 내부성과 평가위원회
위원, 한국부동산원 부동산가격공시전문교육과정 심의위원회, 전국공동주택가격협의회
위원, 한국주택금융공사 주택금융연구 편집위원장
위원, 한국자산관리공사 공매자문위원회
위원, 지방공기업평가원 타당성심의위원회
위원, 공무원연금공단 실물자산운용위원회, 자산운용위원회, 대체투자위원회
위원, 건설근로자공제회 리스크관리위원회, 대체투자위원회
위원, 한국교직원공제회 리스크관리위원회
위원, 건축사공제조합 투자자문위원회
위원, 굿네이버스 미래재단 시니어주거 공동체 프로젝트 자문위원
위원, 한국인터넷자율정책기구 부동산정보위원회

부동산 초보를 위한 전세 A to Z

초판발행 2025년 9월 10일

지은이 유선종
펴낸이 안종만 · 안상준

편 집 전채린
기획/마케팅 노 현
표지디자인 이영경
제 작 고철민 · 김원표

펴낸곳 (주) 박영사
서울특별시 금천구 가산디지털2로 53, 210호(가산동, 한라시그마밸리)
등록 1959. 3. 11. 제300-1959-1호(倫)
전 화 02)733-6771
f a x 02)736-4818
e-mail pys@pybook.co.kr
homepage www.pybook.co.kr
ISBN 979-11-303-2376-3 93320

정 가 18,000원